나는 도둑맞은 시간을
되찾기로 했다

BOOK PLAZA

EXIT

타인의 시간에서 자신의 시간으로 삶의 축을 옮기는 법

나는 도둑맞은 시간을
되찾기로 했다

사소 쿠니타케 지음 · 유민 옮김

BOOK PLAZA

프롤로그
내 삶 어딘가에 '시간 도둑'이 있다

'시간은 효율적으로 써야 한다.'

이것은 내 평생의 믿음이었다. 벤저민 프랭클린의 "시간은 돈이다."라는 말처럼 시간은 귀중한 자원이다.

나는 전략 디자인 컨설팅이라는 일을 하고 있다. 내 시간은 시간당 요금으로 환산되어 클라이언트에게 청구된다. 한정된 시간에 최대한의 결과를 내기 위해서는 업무 생산성을 높일 필요가 있다. 그러려면 업무 스킬을 갈고닦아야 함은 물론이고 시간 관리도 잘해야 한다.

슬랙(Slack), SNS, 구글 캘린더 등의 디지털 도구를 사용해 시간 효율을 최대한 높이면 자투리 시간에도 일을 처리할 수 있다. 그런데, 언제부턴가 이런 방식에는 한계가 있다는 생각이 들었다.

우리 모두에게는 공평하게 24시간이 주어진다. 우리는 이 '공평한 24시간'을 최대한 활용해 생산성을 높이고자 늘 스마트폰을 확인한다. 그리고 쉴 새 없이 쏟아져 들어오는 채팅 메시지에 답해야만 한다.

생산성 향상을 가치 있게 여기는 표어들은 '생산성이 오르면 여유 시간이 늘어 더 풍족한 삶을 살 수 있다'는 전제를 깔고 있다. 생산성을 높여 생기는 여분의 시간을 더 가치 있는 곳에 쓸 수 있기 때문이다.

하지만 실제로는 시간을 효율적으로 사용하려고 하면 할수록 도리어 일이 더 늘어만 갔고, 나는 계속 시간에 쫓겼다. 생산성을 올려 시간을 확보하려고 할수록 시간이 부족해지는 모순이라니.

내 삶의 메커니즘 어딘가에 '시간 도둑'이 있는 게 아닐까? 그렇다면 그 '시간 도둑'은 대체 어디에 있는 걸까?

여러분은 그런 의문이 든 적 없는가?

이 책은 코로나 팬데믹을 계기로 내 안에서 일어난 '삶에 대한 가치관의 변화'를 가감 없이 기록한 진화 과정이다. 코로나 팬데믹 사태는 우리의 생활을 강제적으로 변화시켰다. 또한 최근 몇 년 사이, 일하는 방식이나 일에 대한 관점, 나아가 앞으로 어떻게 살고 싶은가 하는 인생관 자체가 크게 흔들린 사람도 많았을 것이라 예상한다. 이 책에서는 그 변화에 대해 함께 생각해보고자 한다.

영어에는 '변화'를 뜻하는 단어가 두 가지 있다. 그중 외부 요인에 의한 변화를 '체인지(Change)'라고 한다. 회사에서 전근을 가게 됐다거나, 결혼하고 아이가 태어났다거나, 이혼을 하거나 또는 소중한 사람을 사별로 잃는 것 같은 일들이다.

두 번째는 내부 요인에 의한 변화, '트랜지션(Transition)'이다. 돈 벌기를 가장 우선시하던 사람이 주위 사람을 돕는 쪽으로 가치관이 바뀌거나, 기존의 사회질서나 관습에 도전하고 투쟁적이던 사람이 이제는 사회문제의 피해자를 옆에서 지원하는 일을 하게 되는 것처럼 정체성이 변화하는 경우들이다.

코로나 팬데믹이라는 사회적·환경적 변화, 그로 인해 촉발된 재택근무라는 생활 패턴의 변화, 이주나 '두 지역살이'와 같은 장소의 변화 등은 모두 외부 변화인 체인지이며 표면적인 계기

일 뿐이다.

사회가 어떻게 변했는지에 대한 논의는 이미 세상에 넘쳐나 지만, 나는 코로나 팬데믹이 가져온 진정한 패러다임의 전환 은 다른 곳에 있다고 생각한다. 그래서 이 책에서는 코로나로 인한 라이프스타일의 변화가 우리에게 어떤 내부적 변화, 즉 트랜지션을 가져왔는지 살펴보고자 한다. 나부터 말하자면, 내 안에서 일어난 첫 번째 트랜지션은 '시간 감각의 변화'였다.

타인을 벤치마킹하는 24시간

'시간 감각의 변화'가 뭘까? 이어지는 내용에서 자세히 설명하 겠지만, 결론부터 말하자면 '타인의 시간'에서 '자신의 시간'으 로 삶의 축을 옮긴다는 뜻이다.

나는 코로나 팬데믹 이전까지 늘 남을 의식하며 살았다. 내 가 속한 업계의 일은 보통 동료나 고객 등 다른 사람과 함께 진행한다. 그들이 보내온 의뢰, 이메일, 슬랙 메시지에 반응하 는 것이 주된 업무다. 나 역시 그랬고, 사이사이에 SNS에서 다 른 사람들의 행복해 보이는 순간들을 보며 더 열심히 살아야 겠다고 다짐하곤 했다. 한마디로 타인을 벤치마킹해서 자신을 북돋우는 삶이다. 이것은 어디까지나 타인을 기준으로 삼는, '남의 시간을 사는 삶'이었다. 그런데 팬데믹으로 재택근무가 당연해지자, 내 안에서 이 감각이 점차 변화하기 시작했다.

물론 재택근무를 하든 출근을 하든 업무는 다를 게 없었다. 메시지를 통해 새로운 일거리나 강연 의뢰가 들어오는 것도 예전과 마찬가지였다. 그러나 삶의 주체가 '나'로 바뀌고 있다는 느낌이 들었다. 재택근무가 늘어나면서 사람들은 분산되어 각자의 페이스대로 일할 수 있게 됐다. 동시에 주변 사람들이 어떻게 지내는지는 잘 보이지 않았다. 그 결과 타인과 경쟁하기보다 자신의 페이스대로, 즉 자기중심으로 살아가는 시간이 눈에 띄게 늘어났다.

하루 24시간이라는 시간의 총량은 변하지 않지만, 환경이 바뀌면서 '자기 시간'에 대한 감각이 변한 것이다.

왜 그제야 내 시간에 대해 깨닫게 됐을까? 먼저 코로나 이전 도쿄라는 도시에서 일하던 나의 삶을 돌아보자.

"이대로 가다가는 병에 걸리고 말 거야"

코로나 바이러스가 퍼지기 시작할 당시, 나의 일 방식은 한

계에 다다랐다고 해도 무리가 아니었다. 전략 디자인 회사 BIOTOPE를 창업하고 4년 동안 나는 전속력으로 달려왔다. 《21세기 비즈니스에 디자인 사고가 필요한 이유(21世紀のビジネスにデザイン思考が必要な理由)》라는 책을 출간한 뒤로는 여러 기업에서 비전 정립이나 이노베이션 컨설팅 의뢰가 들어왔다.

'이 기회를 놓쳐선 안 된다!' 클라이언트의 기대에 부응하기 위해 시간 효율을 극한까지 끌어올렸다. 하루에 이동하면서 4~5건의 회의를 소화하고, 일주일에 세 번은 반나절 혹은 하루짜리 워크숍을 주최했다. 동시에 매일 생각하는 바를 SNS에 올리고 늘어나는 메시지에 답하며 새로운 안건에 대응했다. 밤이나 주말에는 원고를 집필했다. 개인적으로는 회사를 창업함과 동시에 첫째 아이를 가져 커리어 개발과 육아를 양립하려고 노력했다. 그 결과, 나는 극단적인 시간 부족에 시달리게 되었다.

'시간이 너무 부족해…' 고민은 계속 이어졌고 해결책을 찾고 싶어 읽어본 시간 관리 책들에는 대부분 다음과 같은 내용이 적혀 있었다.

- 메일에는 바로 답장하라.
- 받은 편지함은 항상 비워 둬라.

- 생산성이 높은 아침에 업무를 하고 오후에 미팅 일정을 잡아라.
- 할 일을 효율적으로 처리하기 위해 모든 사항을 일정표에 넣어라.

나는 이러한 지침을 실천하려고 노력했고, 실제로 어느 정도는 효과가 있었다. 하지만 찬찬히 뜯어보면 이런 시간 관리 책들은 얼마나 짧은 시간에 더 나은 성과를 낼 것인지에만 집중한다는 걸 알 수 있다. 책에서 말하는 노하우를 적용해 빠르게 답장을 하면 어떻게 될까? 다시 답장이 돌아와 이메일 교환 속도가 빨라진다. 커뮤니케이션 방식이 슬랙 등의 메신저로 바뀌면서 이런 경향은 더욱 심해졌다. 나는 이른바 '효율적으로' 일하려고 할수록 점점 한계까지 몰아붙여지는 것 같았다. 잠깐 여유 시간이 생겨도 그 시간에 새로운 업무 건이 계속해서 들어와 결과적으로 일은 더 늘어났다.

돌이켜보면 2010년대 이후 SNS가 일상화되면서 사람들 간의 만남이 폭발적으로 증가했다. 새로운 만남과 끝없는 새로운 일들, 점점 빨라지는 삶 속에서 나는 '이런 생활이 과연 지속가능한가?'라는 의문이 들면서 뭐라 말할 수 없는 불안에 휩싸이기 시작했다.

재미있는 일을 하거나, 새로운 기획을 짜거나, SNS에서 흥미 있는 영상을 보면 뇌에서 도파민이라는 물질이 분비된다. 도파민은 '의욕 호르몬'이라고도 불리는데, 지금의 정보사회는 어떻게 보면 도파민에 의해 움직인다고 할 수 있다. 재미있는 일이나 자극적인 정보를 보면 도파민이 분비되고, 거기에 뇌가 반응하면서 더 큰 자극을 찾아 스마트폰이나 컴퓨터를 만지게 된다. 우리는 늘 스마트폰에 접속되어 도파민에 의해 들뜬 상태로 생활한다. 이 상태가 지속되면 머리는 문제없이 돌아가더라도 몸에는 피로가 쌓인다. 그런데 새로운 정보의 입력을 멈추면 자극에 익숙해진 우리의 뇌는 지루함과 불안을 느끼기 시작한다. **아무리 효율화해도 일이 줄어들기는커녕 오히려 일을 그만둘 수 없는 '중독 상태'가 되는 것이다.**

"이대로 가다가는 병에 걸리고 말 거야." 가족들에 따르면 당시 나는 이 말을 입에 달고 살았다고 한다.

자신이 시간의 '주어'가 되는 행복감

그렇게 한없는 시간 부족에 시달리던 나에게 변화의 기회가 찾아왔다. 통신회사 KDDI의 au디자인팀과 함께 진행한 '스마트폰 없는 여유', 통칭 'Good Distance 프로젝트'가 그것이다. 이 프로젝트는 디자인 사고를 활용해 새로운 스마트폰 체험을 구상하던 중 나온 아이디어에서 출발했다. '스마트폰은 좋지만, 때로는 떼어놓고 싶을 때도 있다'는 젊은 세대의 목소리를 바탕으로 한 것이다.

지금 우리에게 스마트폰은 과거 피처폰(최저 성능의 휴대전화) 시절과는 비교도 안 될 만큼 중요한 존재가 됐다. 사용자 인터뷰에서 만난 한 대학생은 "스마트폰이 마치 내 몸의 일부 같아요."라고 할 정도였고, 나도 매우 공감했다. 스마트폰의 전원이 꺼지면 왠지 모르게 불안해지는 사람도 많을 것이다. 이렇게 스마트폰을 몸의 일부처럼 느끼는 게 우리에게 좋은 일일까?

'스마트폰 의존'은 스크린을 통해 들어오는 정보 자극을 수동적으로 받아들이는 상태를 말한다. 우리는 SNS 타임라인에 뜨는 친구의 근황, 슬랙에 뜨는 업무 알림과 같은 타인 기점의 정보를 수동적으로 받아들이는 데 익숙해져 있다. 'Good Distance 프로젝트'에서는 이러한 스마트폰 의존 혹은 중독을 스스로 깨달은 사람들(그중에는 물론 나도 포함되어 있다)에게 스마트폰 대신 피처폰을 주고 절에서 명상을 하거나 일회용 카메라로 풍경 사진을 찍어볼 것을 제안했다. 일종의 디지털 디톡스 체험인 것이다. 그러자 무슨 일이 일어났을까?

"눈앞의 것에 집중할 수 있다는 게 이렇게 기분 좋은 일이었군요!" 이처럼 프로젝트 참가자들의 반응은 놀라웠다. 오감을 총동원해 '지금, 여기'에 집중하는 행위에 행복감을 느끼며 이른바 웰빙(Well-being)을 경험한 것이다.

그때까지 나는 내 시간을 어떻게 느끼고 싶은지 생각해본 적이 없었다. 하지만 그렇기 때문에 '지금, 여기'에서 흘러가는 시간을 어떻게 느끼고 싶은지 의식하는 것이야말로 변화의 시작이 아니겠는가.

시간은 효율적으로 쓰는 것만이 중요한 게 아니다. 나를 내 시간의 '주어'로 느끼고 여유롭게 보낼 수 있는가가 더 중요하다. 이는 타인의 시간에 지배되는 세상에서 벗어나 '자신의 시간'을 사는 세상으로 나아가는 전환점이다.

타인의 시간에서 자신의 시간으로
: 생산성의 덫에서 탈출하기

당시 '생산성의 덫'에 걸려 있던 나는 탈출할 방법을 필사적으로 찾고 있었다. 그러다 '자신의 시간을 사는 법'이라는 주제를 떠올렸다.

앞으로도 자세히 다루겠지만, 팬데믹 사태로 사무실을 떠나면서 다른 사람과의 대면 만남이 줄어들었던 기간 동안 많은 이들에게 자신의 시간을 되찾는 내적 변화, 즉 트랜지션이 일어난 것이 아닐까 생각한다.

야마모토 시치헤이의 《공기의 연구》에서도 나오듯, 일본인은 분위기를 살피며 행동을 결정하는 데 익숙하다. 그러나 원격 근무가 활성화되자 주위를 살피거나 분위기를 읽을 필요가 없는 환경이 조성되었다. 그에 따라 타인에게 맞춰 행동하는 일본인의 무의식적 규범도 덜 확고해졌을 것이다. 그 결과, 자신을 출발점으로 놓고 삶을 어떻게 살고 싶은지 고민하는 사람이 늘어나지 않았나 짐작한다.

사실 격리 기간에 직업을 바꾸거나, 거주지를 바꾼 사람도 많다. 이전까지는 특별히 문제를 느끼지 않고 해왔던 자기 일에 어느 순간 회의감이 든다거나, 진정으로 살고 싶은 장소를 찾기 시작한 것도, 아이의 미래나 가족의 라이프스타일을 진지하게 고민하게 된 것도, 모두 '남과 비교하며 사는 인생'에서 '나만의 기준으로 사는 인생'으로 트랜지션이 일어났다는 증거다.

이처럼 사회 전체가 타인 중심에서 자신 중심으로 옮겨가는 시대를 맞이하면서 당연하게 여겨졌던 자본주의 게임의 기준에서 적극적으로 벗어나려는 사람들이 있다. 그중에서도 순도 높은 트랜지션을 경험한 사람들이 도쿄에서의 생활을 재검토하고 지방으로 이주해 새로운 삶을 시작한 것이 아닌가 생각한다.

도시 생활에서 만성적인 시간 부족에 시달리던 나도 오랜 자기 성찰과 작은 계기가 겹쳐 가족의 거점을 옮기기로 결심했다. 우리가 향한 곳은 나가노현의 가루이자와(軽井沢)로 도쿄에서 약 1시간 거리, 해발 1,000미터의 고원 마을이다. 이곳에서 내 삶의 형태와 가치관은 완전히 변했다.

이것은 한 개인의 변화 이야기다. 그러나 나 한 사람에게 일어난 트랜지션의 배경에는 사회 전체의 거대한 트랜지션과 어떤 식으로든 연결이 있다고 생각했다. 그래서 나와 마찬가지로 지방으로 이주한 분들을 인터뷰해 '트랜지션 라디오'라는 팟캐스트를 시작했고, 다양한 사람들의 트랜지션 이야기를 들으면서 지금 일어나고 있는 변화의 윤곽을 그려보려 했다. 그러면서 나에게 일어나고 있는 변화의 대부분을 거점을 옮긴 다른 사람들도 공유하고 있다는 것을 실감할 수 있었다.

이 책은 이주를 계기로 나에게 일어난 내부적 변화를 나처럼 이주한 사람들의 인터뷰를 참고하면서 '자신의 시간을 사는 법'이라는 관점에서 구체적으로 풀어낸 결과물이다.

그리고 이 책은 결코 '이주 예찬서'가 아니다. 이주는 하나의 선택지에 불과하다. 하지만 이렇게 많은 사람들이 거주지를 옮긴다는 것은 우리 사회의 삶에 대한 가치관이 변화하고 있다는 조짐이 아닐까 생각한다.

코로나 팬데믹은 이제 끝나고 없다. 하지만 그것은 어떤 변화를 남겼을까? 그리고 여러분은 그 시간을 거치며 무엇을 생각하고, 어떤 라이프스타일을 원하게 되었는가?

이 책은 일과 라이프스타일이 다시 예전으로 돌아가는 분위기에 조금이라도 답답함을 느끼는 사람, 전처럼 성장을 무비판적으로 받아들이거나 끊임없는 생산성 향상을 추구하는 것에 의문을 품는 사람들이 읽어주었으면 한다. 아마도 당신이 지금 느끼는 답답함은 미래의 새로운 삶으로 향하는 문이 아닐까 생각한다.

이 책이 새로운 자신으로 변화하기 위한 내면의 여행을 떠나는 모든 사람들에게 조금이라도 힌트가 되길 바란다.

Contents

프롤로그: 내 삶 어딘가에 '시간 도둑'이 있다   4

제1장 그레이트 리셋: 네 가지 '성찰'   21

성찰 1. 일시 정지된 세상에서 생겨난 변화   23

성찰 2. 도시에 살 것인가, 지방에 살 것인가   34

성찰 3. 진정한 풍요로움은 무엇일까   41

성찰 4. 앞으로 어떻게 살 것인가   51

EXIT

제2장 트랜지션: 새로운 나를 만나다   57

변화를 원하는 사람들에게   59

'끝내기': 팽팽한 관성의 끈을 놓아버리다   65

'중립 지대': 불안의 수면 아래에서 헤엄치다   77

'새로운 시작': 과거의 나는 죽고 새로 태어나다   93

제3장 신세계: 삶을 재구성하다   115

행동을 바꾸지 않으면 아무것도 변하지 않는다   117

일하는 방식의 포트폴리오를 다시 쓰다   120

인생에 한 번쯤은 내 집을 지어보고 싶어서   148

식생활의 변화가 가져오는 것들   168

시골에서 찾은 새로운 시대의 커뮤니티   182

아이들도 '여백'이 필요하다   196

[더하는 이야기] 먼저 살아본 사람의 이주 스트레스에 대한 처방전   218

제4장 도둑맞은 시간을 되찾는 법   223

자신의 시간은 자신이 결정한다   225

크로노스의 시간에서 카이로스의 시간으로   234

생산성의 덫에 스스로를 가두지 말자   241

'지금, 여기'에 존재함을 즐겨라   248

재택근무자를 위한 자기 시간 활용법   252

일상에서 자기 시간을 만들고 지키는 습관   258

에필로그: '시간 도둑'이 절대 빼앗을 수 없는 삶   265

주석   274

제1장

그레이트 리셋: 네 가지 성찰

반성하지 않는 인생은 살 가치가 없다.

소크라테스

성찰 1. 일시 정지된 세상에서 생겨난 변화

코로나 팬데믹은 무서운 속도로 달려가던 우리 사회에 잠시 멈춰 서서 성찰할 기회를 만들어줬다.

지금까지 당연하게 여겨왔던 가치관에는 전환이 요구되었고, 일과 삶에는 피할 수 없는 변화가 찾아왔다. 하루의 회의를 전부 집에서 할 날이 오리라고 그전에는 누가 상상이나 했겠는가.

팬데믹 동안 사람들은 전과는 다른 생활을 했고, 당장 필요하지 않고 급하지도 않은 일에서는 강제적으로 멀어져야만 했다. 그 기간은 앞으로 우리가 어떻게 살아야 하는가를 고민하게 만든 성찰의 시간이었다.

이제 우리는 어느새 바이러스와 공존하는 형태로 일상을 되찾았다. 마스크를 벗고 각종 규제도 풀린 지금, 세상은 아무 일도 없던 듯이 원래대로 돌아갔을까?

나는 아니라고 생각한다.

팬데믹은 우리 내면에 결정적인 영향을 끼쳤다. 3년이라는 기간에 걸쳐 변화가 일어났기 때문에 눈치채지 못했을 뿐이다. 이 성찰의 시간 동안 개개인이 다양한 트랜지션을 겪었을 것이다.

팬데믹 당시 우리는 무슨 생각을 하고 있었던가. 바쁜 일상 탓에 과거에 묻히려 하는 당시의 생각들을 더듬어보기 위해 시곗바늘을 '긴급사태선언'이 해제된 2020년 5월 25일로 돌려보자(2020년 4월 7일 일본은 '신형인플루엔자 등 대책 특별조치법'에 따라 도쿄를 포함한 7개 도도부현에 긴급사태를 선포하고 4월 16일에 전국으로 확대했다. 외출 자제, 이벤트의 중지 또는 연기, 재택근무 권장 등의 내용을 담고 있었다-옮긴이 주). 당신은 그때 무슨 생각을 하고 있었는가?

> Q. 코로나 팬데믹 동안 당신의 생활에는 어떤 '리셋'이 일어났습니까?

제한된 생활에서 누린 '낯선 풍요'

2020년 5월 25일, 코로나 팬데믹에 관한 긴급사태선언이 해제되자 가장 먼저 여러 사람의 얼굴이 떠올랐다. 의료 현장에서 일하는 고등학교 동창들, 산책을 겸해서 들렀던 슈퍼의 사장님, 음식 배달기사, 평소 크게 신세 지고 있었음을 절감한 어린이집 선생님들, 잠을 줄여가며 법의 테두리 안에서 전례 없는 사태를 위한 정책을 궁리했을 공기관에서 일하는 친구까지. 어떤 말로도 부족할 만큼 모두에게 감사한 마음이 들었다.

그리고 조심만 하면 팬데믹 이전처럼 외출할 수 있게 되어 기뻤다. 자유로이 이동할 수 있다는 것은 얼마나 멋진 일인가. '외출 자제'는 일종의 감금 생활이다. 그런 생활을 즐기는 법도 나름대로 터득했지만, 자유롭게 돌아다니는 기쁨에는 비할 바가 아니었다. 회의가 여전히 줌을 통해 이루어진다는 점만 제외하면 일상은 의외로 빨리 돌아올지도 모른다.

하지만, '아무 일도 없었던 것처럼 예전의 생활로 돌아가버려도 정말 괜찮을까?' 나는 머릿속에 그런 의문이 계속 맴돌았다.

외출이 자유롭지 않았던 기간 동안, 잊고 싶지 않은 변화도 많이 있었다. 가족과 함께 보내던 매일. 아내의 몸이 안 좋아서 온전히 살림을 담당해야 했던 일주일. 덕분에 요리 실력이 늘었고 요리하는 재미도 알게 되었다. 집 근처 소소한 풍경을 따라 하는 산책. 딸의 '첫 심부름' 다큐멘터리를 기획해서 제작한 일. 헬스장에 못 가는 대신 밤에 다마 강변을 달리면서 느낀 고요함.

정말 수수한 생활이었다. 시간을 보내는 방법은 한정적이었지만 조금만 색다른 시도를 하면 생활에는 풍미가 더해졌다. 팬데믹 전에는 밖으로만 나돌며 '도파민 과잉' 생활을 하던 나로서는 정말 드물게 느긋한 속도로 살았다. 힘든 점도 많았지만 제한된 생활은 속도를 줄여 천천히 걸으면서 내 삶을 되돌아보고 잊고 있던 것들을 되새기게 해준 '슬로 월드'라 할 만했다.

이상은 내 개인적인 경험이지만 사회 전체로 보아도 인구의 3분의 1이 집에 머물렀으니 넓게 보면 전 인류에게 거대한 '성찰의 시간'이 아니었나 싶다.

비즈니스 쪽으로는 예전부터 여러 클라이언트와 협력하며 순환형 사회, 커뮤니티 경제 등의 비전을 구상했었다. 우리는 원래 실현 시기를 2025년 이후로 예상했지만, 코로나 팬데믹 덕분에 몇 년 앞당겨질 수도 있겠다는 생각이 들었다.

오카야마현 니시아와쿠라 마을에서 차세대 건축가 집단 'VUILD'의 최고운영관리자를 맡고 있는 이노우에 다쓰야 씨는 긴급사태선언이 해제될 때 이런 말을 남겼다.[1]

"아, 원래대로 돌아가버리는 건가, 하는 일말의 아쉬움을 느꼈습니다. 긴급사태선언 기간은 도시에 사는 사람도 전원 생활과 같은 풍요로움을 경험할 수 있었던 시간 아니었나 합니다. '풍요로움을 번다'라고도 표현할 수 있겠네요."

'매일 풍요로움을 번다.'

이 말은 요란하지 않고 격리된 일상에서 느낀 만족감을 잘 표현한다. 이 한 문장은 팬데믹이 끝나도 잊어서는 안 된다는 듯이 닻처럼 가슴 깊은 곳에 남았다. 진정한 풍요로움이란 무엇일까.

일상의 모든 것이 리셋 되다

다보스 포럼(세계경제포럼)의 클라우스 슈밥 회장은 2021년의 테마를 '그레이트 리셋(Great Reset)'으로 선언했다. 여기에는 자본주의 구조 자체를 다시 생각해보자는 화두도 포함되어 있지만, 그런 큰 주제까지 가지 않아도 우리들의 생활 자체에 이미 여러 가지 리셋이 일어났다.

일하는 방식: 재택근무와 원격근무
지금까지 많은 일본 기업이 업무 개혁을 외쳤지만 슬로건으로 그치는 경우가 대부분이었다. 그러나 긴급사태선언 후로는 업무 개혁이 빠르게 진행되어 한창일 때는 40퍼센트 가까운 회사가 재택근무를 실행했다. 업무수행 방식(일하는 시간 및 장소)이 어느 정도 자유로워졌다. 대기업 중에는 지금도 출근일에 상한을 두고 재택근무를 권장하는 곳이 적지 않다.

교육: 온라인 수업
학교와 유치원, 어린이집이 폐쇄되면서 교육 관계자 및 보호자들은 전에 없이 '배움이란 무엇인가'를 깊이 고민해야 했다. 학교 수업이 온라인으로 진행되면서 가정이 곧 학교가 되었다. 세계 일류대학의 상당수가 온라인 수업을 시작한 덕에 영어만 할 줄 안다면 세계 최첨단 콘텐츠를 무료로 이용할 수 있었다.

인간관계: 비대면 만남
회사나 학교에서 매일 얼굴을 마주하던 사람과는 만나는 빈

도가 줄어든 반면, 온라인으로 멀리 있는 사람과도 만남이 가능해졌다. 현실에서 만날 수 있는 사람은 이웃 정도다. 대신 친한 이웃 가족들과 산책하면서 느긋한 시간을 보내는 즐거움을 알게 되었다.

취미: 뭔가 만들기 시작한 사람들

SNS를 보다 보면 직장인(주로 남성)이 요리하는 영상이 많았다. 가까운 슈퍼로 나가 사본 적 없는 식재료를 사와서 새로운 레시피에 도전해보는 것이 유일한 즐거움이었다고 하는 사람도 있었다. 외출하지 못하는 아이들에게 즐거움을 주고자 처음 요리에 도전한 사람도 많았을 듯하다. 유명 셰프가 레시피를 공개하거나 줌으로 요리 교실을 여는 등 지금까지는 없던 새로운 형태의 행사가 열렸다.

인류학자 클로드 레비스트로스는 "요리는 인간을 인간답게 한다."고 했다. 삶이 바쁘면 후순위로 밀리기 쉽지만, 사람들과 불 앞에 둘러앉아 대화를 나누며 정을 쌓는 문화로서 요리의 가치는 다시 한 번 확인된 것이 아닐까.

요리 말고도 새로운 취미로 '만들기'를 시작한 사람들도 많았다. 앞서 언급한 니시아와쿠라 마을 이노우에 다쓰야 씨는 DIY와 채소 재배를 시작했다. 원래 임업에 큰 관심이 있어 이주해왔다는 다쓰야 씨는 직접 판매하는 목재 가게를 열었다. 그때까지 목재를 생산하기만 할 뿐, 그 목재가 어디로 가는지에는 관심을 기울이지 않던 마을에서 최종적인 상품을 만들고 고객에게 배달하며 임업을 경제로 편입시키는 실험을 한 것이다. '만들기'가 일상이 된 그는 "시골에서는 만들고 기르는 등 창조하는 활동이 가장 즐겁다."면서 "앞으로는 돈을 소비하는 시대에서, 시간과 노력을 소비하는 시대로 바뀔 것"이라고 예상했다.

거주: 도시가 아닌 곳에서 살고 싶다

많은 '리셋' 중 가장 큰 변화는 사는 공간에 대한 가치관의 리셋이었을 것이다. 우리 가족만 해도 '이다음에는 어디서 살까?'라는 대화를 종종 했다. 내가 운영하는 전략 디자인 회사 BIOTOPE의 20대 직원들은 줌으로 하는 회의에 익숙해진 이후 시골살이와 미니 텃밭, 농업에 대한 관심을 표현하기 시작했다. 도시의 사무실로 출근할 필요가 없다면 굳이 비싼 집세를 내며 살 필요도 없다. 자연환경이 더 좋고 넓은 곳에 살고 싶다는 생각이 들 법도 하다.

공간이 한정된 집에서 일과 육아를 같이 하기가 어렵다고 느낀 사람도 많았을 것이다. 집이라는 공간에 크게 불만이 없던 나도 교외에 조금 더 넓은 서재 겸 아틀리에를 가지고 싶다는 생각이 들었으니까.

타인 중심의 가치관에서 해방되다

앞서 살펴본 것처럼, '리셋'은 우리 생활의 다양한 면에서 일어났다. 그중에는 일상이 회복되었어도 원래대로 돌아가지 않는 변화도 있는 듯하다. 팬데믹이 지나간 지금까지도 남아 있는 변화의 뿌리는 무엇일까? 아마도 자가격리 생활을 통해 '타인의 시선'에서 벗어나 자유로워진 점이 아닐까.

사람들은 자신이 하는 일이 사회에 어떤 방식으로든 기여하고 있다는 것을 통해 존재 가치를 느낀다. 특히나 일본 사회는 세간의 이목이 옳고 그름을 정하는 신과 같은 역할을 해서 타인의 시선을 무시하기가 매우 어렵다. 그런 사회에 SNS가 정착되자 사생활에서마저 남의 시선을 신경 쓰며 살게 되었다. 이처럼 '타인 기준 모드'로 살다 보니 당연히 자기 내면의 목소리를 들을 여유는 없었다.

그러다 팬데믹으로 사회 전반에 '리셋'이 일어나며 성찰의 시간, 즉 자기 자신과 대면하는 시간이 찾아왔다. 일본 사회에서 아마도 처음으로, 있는 그대로의 나로 하고 싶은 일을 하며 사는 '자기 기준 모드'가 자연스럽게 받아들여진 것이다. BIOTOPE의 한 직원은 "옷을 살 때 남에게 어떻게 보일지를 얼마나 신경 쓰고 있었는지 이제야 깨달았어요."라고 말하기도 했다.

우리는 '리셋' 덕분에 주변 사람들의 가치관에 종속되는 타인 기준에서 해방되어 본인의 감성과 가치관을 존중하는 시간을 경험할 수 있었다. 삶의 방향이 남에게 쓸모 있는 사람이 되려는 '밖에서 안으로(Outside-in, 외부 지향)' 대신 자신을 표현하며 사는 '안에서 밖으로(Inside-out, 내부 지향)'로 바뀐 것이다. 이것은 마치 과거 코페르니쿠스가 지동설을 주장해 천동설을 뒤집은 것과 같은, 패러다임의 대전환이라고 할 수 있다.

생활 방식이 180도 바뀌면 '풍요로움'의 의미도 달라진다. 지금까지는 일반적으로 '대단함'을 의미했다. 쓸모 있는 사람이 되어야 하는 '밖에서 안으로' 세상에서 풍요로움은 화폐로 환산될 수 있는 것, 즉 다른 사람과 비교할 수 있는 부의 많고 적음이라는 이성적인 기준으로 측정됐다.

그에 반해, 코로나 팬데믹 시기에 찾아온 새로운 풍요로움은 '나는 ○○이 좋다'는 의미로 바뀌었다. 자신을 중심에 두는

'안에서 밖으로' 세상에서 감정이나 가치관같이 내면에서 비롯되어 남과 비교할 수 없는 정신적인 것으로 의미가 달라졌다. 이는 덴마크의 휘게(Hygge, 편안함, 아늑함, 안락함 등의 의미)나 웰빙으로 표현되는 행복, 다시 말해 자기만의 기준으로 느끼는 풍요로움이다. 당연히 사람마다 다르며 비교도 할 수 없다.

이 변화는 되돌릴 수 없다. 한번 해방된 내면의 가치는 마스크를 벗고 사회가 원래대로 돌아가더라도 다시 억누를 수 없을 것이다. 그리고 앞으로 우리가 살아갈 세상은 점점, 착실하게 그리고 확실하게 '안에서 밖으로' 변해갈 것이다.

성찰 2. 도시에 살 것인가, 지방에 살 것인가

> Q. 만약 살 곳을 자유롭게 고를 수 있다면 어디서 살고 싶습니까?

재택근무가 보편화되면서 일하는 사람들의 지방 이주와 사무
실 이전에 대한 이야기를 자주 듣게 되었다. 팬데믹을 계기로
일하고 사는 곳에 대한 논의가 활발해진 것이다.

그러나 현실적으로 도시에서 너무 먼 지방에 살기는 불편하
므로 도쿄 근교인 가루이자와나 즈시, 가마쿠라 등의 휴양지
로 이사하거나 두 지역살이를 하는 사람들이 늘어나는 선에

서 그칠 듯해 보인다. 해당 지역은 이사해 오려는 사람이 많아 부동산 가격이 급등하고, 임대 물건도 찾기 어려울 정도다.

전 세계적으로 도시에 사는 인구 비율은 평균 52.1퍼센트인데, 일본은 무려 91.3퍼센트나 된다. 세계에서도 찾아보기 어려울 만큼 도시화가 진행된 나라다. 도시는 편리하고 일자리가 많아 화폐로 환산할 수 있는 풍요로움을 벌기에는 가장 효율적이다. 하지만 도시에서의 삶은 스트레스가 많다. 고독한 데다 자연을 가까이서 느낄 수도 없다.

그런데 한편으로는 창의적인 일에 적합한 도시 순위에서 도쿄가 압도적인 1위라는 조사 결과도 있다. 세계적으로 볼 때 도쿄는 창의적인 직업 종사자가 많고 공원이나 미술관 같은 시설도 잘 마련되어 있는 편이다. 이런 양면적인 현실을 어떻게 이해하면 좋을까.

도시를 떠나는 사람들

역사적으로 사람들은 언제나 일터 근처에 살았다. 대다수가 농업에 종사하던 시대에는 지방에 흩어져 있었다. 논밭 옆에 살아야 편리하기 때문이다. 그러다 산업사회가 되자 공장이 있는 도시로 모여들었다. 산업화가 더 진행되면서 다양한 상품이 도시로 집중되었고, 그 상품을 거래하는 시장이 생기며 시장 가까이에 사무실들이 들어섰다. 또한 통신의 발달로 컴퓨터만 있으면 일은 어디서든 할 수 있게 됐다.

하지만 지식노동자는 일하는 장소가 자유로워진 대신 늘 온라인에 접속된 상태로 너무 많은 정보처리를 하느라 항상 피로를 느끼게 된다. 더 나은 아웃풋을 내기 위해서는 정신적 안정을 가져다주는 자연이 근처에 있는 것이 좋다. 그래서 장소에 구애받지 않고 일할 수 있는 지식노동자가 내면의 행복을 추구하며 자연환경이 좋은 곳에 살려는 것은 당연한 선택이다.

사실 예술가를 비롯한 창작자들 사이에서는 팬데믹 이전부터 개성 있는 사람이 모이는 지방 도시에 예술인 마을을 조성해 활동 무대를 옮기려는 움직임이 있었다. 도시에는 자신을 표현할 수 있는 물리적·정신적 여유, 즉 '여백'이 제한적이라는 것을 깨달았기 때문이다. 창작 공간이 부족한 도시는 오히려 그들에게 불리한 환경으로 인식된 것이다.

장기적으로 지식노동자가 자연과 '여백'을 찾아 거주지를 옮기는 움직임은 느리지만 확실한 흐름이 될 것이다. 창작자들처럼 내면의 표현을 중시하는 사람들이 많아지면, 그에 따라 거

주지 선택에도 당연히 영향이 미칠 것이다.

정보에 잠식당하는 정신과 몸

내 주변에도 도시에서 지방으로 이사하거나 두 지역살이를 시작하는 사람이 늘었다. 특히 창작 분야에서 일하는 사람들이 그렇다. 앞서 도시는 창작자들에게 '여백'이 부족하기 때문이라고 했지만 또 다른 이유도 있다. 도시에 사는 한 '정보과다(情報過多, 정보가 너무 많아서 문제 및 의사결정을 이해하기 어려운 상태-옮긴이 주)'에서 벗어날 수 없기 때문이다.

　나 자신도 실감하는바, 도시에 살다 보면 흘러들어오는 정보가 너무 많고 그만큼 스트레스가 쌓인다. 거리로 나가면 상품 정보나 광고가 쏟아지고 스마트폰을 통해서도 끊임없이 정보가 들어온다. '정보의 바다'에 풍덩 빠진 채 살고 있는 것이다. 특히 창의노동자처럼 정보를 기반으로 일하는 사람들은 그 바다에서 나와버릴 수도 없기 때문에 늘 도파민의 영향 아래 있다.

　'쾌락 물질'이라고도 불리는 도파민은 호기심에서 비롯되는 신경전달물질이다. '뭔가 재밌는 일이 있을 것 같다'는 예감이

들 때 도파민이 분비된다. 정보 역시 도파민 분비를 촉진하는 흥분성 자극 중 하나다. 스마트폰으로 SNS나 인터넷 뉴스를 계속 보게 되는 것도, 끊임없이 들어오는 새로운 정보가 도파민 분비를 자극하기 때문이다. 따라서 일상적으로 정보를 다루는 사람은 늘 도파민이 나오는 상태라고 할 수 있다.

'더 재밌는 게 있을 거야!', '다음엔 더 재밌는 걸 해야지.' 우리는 이런 충동에 이끌려 계속 정보를 찾아다니는 삶의 방식에 정착했다. 마치 하염없이 쳇바퀴를 돌리는 쥐처럼, 자기도 모르게 이 끝나지 않는 게임에 참가하게 된 것이다.

도파민이 계속 나오면 마음의 균형을 잡아주는 신경전달물질 세로토닌과 행복감을 가져오는 엔도르핀 같은 소위 '행복 호르몬'이 잘 분비되지 않는 상태가 된다. 사랑이나 행복을 관장하는 호르몬이 적게 나오면 '지금 이대로 괜찮다'라는 자기 긍정감도 생기기 어렵다.

또한 도파민의 영향으로 쉴 새 없이 활동하다 보면 당연히 몸과 마음이 피폐해진다. 더 큰 문제는 상당수가 그 사실을 깨닫지 못한다는 것이다. 그렇게 무의식중에 몸과 정신의 건강이 서서히 무너진다.

팬데믹 사태는 정보과다 사회에서 사는 것이 얼마나 숨 막히는 일인지 자각하게 만든 계기였다. 나를 포함해, 도시에서의 삶에 문제가 있음을 느낀 사람들은 가족이 생활할 장소에 대해서 진지하게 고민하기 시작했다.

감염 위험을 줄이는 효과적인 방법은 밀집을 피하는 것이다. 그러나 도시에서는 밀집을 피할 수 없다. 도시계획 연구에서는 도시란 밀집 상태를 만들어서, 즉 사람들을 특정 구역에 집중시켜서 생산성을 높인 인류의 발명품이라고 평한다. 생산적인 장소에는 일자리가 생기고, 필연적으로 부가 축적되며 사람이 더 모이게 된다. 그 결과 각지에 거대한 도시가 생겨났다.

그런데 팬데믹 상황에서는 반대로 밀집을 피해야 한다. 게이오기주쿠대학 아타카 가즈토 교수에 따르면 과거에는 도시화, 즉 '밀폐×밀집'이 트렌드였으나, '위드 코로나' 시대에는 지방을 포함한 '개방(Open)×분산(Sparse)'의 방향으로 갈 것이라고 한다. 그는 이것을 '분산화'라고 명명했는데, 그의 말대로 도시에 밀집하지 않고 지방에 분산해서 사는 것이 팬데믹 상황에서는 합리적이다.

팬데믹이 끝나더라도 기후변화 때문에 북극의 영구동토층이 녹으면서 새로운 병원체와 인간이 만날 가능성은 계속해서 높아질 것이라고 한다. 일본은 수도권의 지진도 예측되고, 기후변화로 자연재해는 점점 심해지고 있다. 이런 점들을 생각하면 사람들이 한곳에 모여 사는 것은 그 자체로 커다란 위험

요인이다. 이런 상황을 인식하고 '이대로 도시에 계속 살아도 될까?', '지금의 생활환경이 과연 최선인가?'라고 생각하기 시작한 사람이 늘고 있다.

그에 따라 많은 사람들이 자기 행복과 웰빙에 대해 강하게 인식하게 됐다. 도시에서 벗어나 자연과 가까운 곳에서 원격근무를 한다면 일과 생활의 균형을 찾고 심신의 건강도 확보할 수 있을 것이다.

아마도 많은 창의노동자들이 도시를 떠나고 싶어 했지만 현실적으로 결단을 내리지 못하고 있었으리라. 그러나 원격근무가 보편화하면서 도시를 떠나는 것은 합리적인 선택지가 됐다.

특히 아이를 키우는 가정은 휴교를 계기로 이대로 도시에서 키워도 될지 다시 생각해보게 됐다. 공원이 폐쇄되거나 놀고 있던 아이들이 신고 당하는 일들을 보면서 더 이상 도쿄에서는 살기 힘들겠다고 생각한 부모가 많지 않았을까. 유아나 초등학생을 키우는 부모가 특히 이주를 많이 선택하는 것은 그 결과로 보인다. 이주나 두 지역살이를 선택하는 사람들은 의식적으로든 무의식적으로든 과다한 정보로부터 본인과 아이들을 지키려는 마음이 깔려 있다.

성찰 3. 진정한 풍요로움은 무엇일까

다음으로 일에 관해 생각해보자. 앞서 팬데믹 때 외출 자제 생활로 가치관의 '리셋'이 일어났다고 했다. 풍요로움의 기준이 타인의 칭찬(대단하다)을 중시하는 '밖에서 안으로' 관점에서 자신의 가치관(좋다)을 중시하는 '안에서 밖으로' 관점으로 바뀌었다. 생활에도 '리셋'이 일어나 관성을 끊고 변화를 재촉했다. 이 변화가 일시적인 것이 아니라 되돌릴 수 없는 것이라고 한다면 경제 형태는 어떻게 바뀔지 사고실험을 해보고자 한다.

어떤 일을 할 때 '풍요롭다'고 느끼는가

> Q. 당신은 어떤 방식으로 일하고 싶습니까?
> 스스로 정할 수 있다면 일주일에 몇 시간 일하고 싶습니까?

'경제'라고 하면 화폐 단위의 개념으로 생각하기 쉽다. 그러나 영어 'economy'의 어원인 그리스어 '오이코노모스(οἰκονόμος)'는 '오이코스(οἶκος, 집)'와 '노모스(νόμος, 질서 또는 관리)'의 합성어다. 원래 의미대로 해석하면 경제란 물품이나 서비스를 적절히 분배하여 돌아가게 하는 것이다. 즉, 경제 시스템은 다양한 사람의 필요나 욕구를 종합해서 거래를 통해 최적의 배분을 한다. 그렇다면 사람들의 필요나 욕구가 바뀌면 경제 형태도 변화하기 마련이다.

팬데믹이 시작되면서 사람들, 특히 직장인들은 이전까지는 전혀 시도해보지 않았던 새로운 행동들을 하게 되었다. 이러한 행동들을 분류해보면 다음과 같다.

1. 뭔가를 만들어낸다: 미니 텃밭, 뜨개질 등의 수예, DIY, 요리 등
2. 자기를 표현한다: 온라인 이벤트 개최, 유튜브 방송

3. 가족이나 이웃과 소통한다: 가족, 자녀와 함께 지내기, 근
   처 슈퍼에서 장보기
4. 자연을 가까이한다: 공원 산책, 개방된 마당에서 친구와
   식사

사회학의 대가 미타 무네스케는 《현대 사회는 어디로 가나》
에서 사회가 성숙할수록 사람들은 특별하지 않은 일상의 즐
거움을 추구하게 된다고 했다. 또한 그때 중요해지는 행위는
타인과 연결되는 일, 자연과 접촉하는 일, 문화를 만드는 일이
라고 말했다.

타인과 소통하고 자연을 가까이하면서 안정을 찾으면 옥시
토신과 세로토닌이 분비된다. 창조적인 일을 하면 도파민이 분
비된다. 제대로 현실에 뿌리내리고 '약한 자극(Low-key, 원래 이
말은 '약간, 비밀스럽게'라는 뜻으로 자주 쓰이나 이 책에서는 신경전달물
질의 정도를 표현하기 위해 '약한 자극'으로 해석함-편집자 주)'을 즐기는
행위라 할 수 있다. 창조와 표현은 웰빙 상태를 만드는 행위이
기도 하다. 자신을 되돌아보는 계기를 만들고, 살아 있다는 감
각을 얻을 수 있기 때문이다. **살아 있다는 감각이야말로 가치
관을 '안에서 밖으로' 전환한 우리가 원하는 것이다.**

사실 사람들이 일상생활에서 '창조'와 '표현'을 원한다는 징

조는 유튜버들의 활약이나 예술에 관한 관심 증가 등 코로나 팬데믹 이전부터 보였다. 그러나 지금까지 대부분은 창조하거나 표현하는 활동에 시간을 쓰지 못했다. 왜일까? 다른 일로 바쁘기 때문이다.

일, 쇼핑, 외식, 놀이공원이나 각종 엔터테인먼트 이벤트 등 팬데믹 이전의 일상은 이런 것들로 바빴다. 이들은 바꿔 말하자면 욕망을 자극해서 아드레날린이나 도파민을 샘솟게 만드는 '강한 자극(High-key, 원래 의미는 '확실히, 명백하게'-편집자 주)' 활동이자, 경제를 굴러가게 하는 소비활동이다.

우리는 오직 경제가 잘 굴러가게 하기 위해서 한정된 시간을 돈을 벌고 소비하는 데 쓰고 있다. 과연 '강한 자극'을 따라가는 시간을 줄여서 '약한 자극'을 받는 활동에 배분할 수 있을까?

무한 경쟁: 자본주의 경제 게임의 함정

그러나 현실은 그렇게 간단하지 않다. 하루는 24시간밖에 안 된다. 화폐 교환에 의한 '강한 자극'에 시간을 쓰면 자기 자신을 충족시킬 '약한 자극'에 돌릴 시간은 없다. 그렇다고 시간

대부분을 자기 충족에 돌리기도 어렵다. 우리는 돈을 써야 경제가 돌아가고, 일자리가 생겨나는 사회에 살고 있기 때문이다.

그럼 이쯤에서 근본적으로 자본주의 경제가 어떻게 돌아가는지 그 시스템을 해부해보고 우리가 포착해 활용할 지점은 없는지 생각해보자.

자본주의와 자기 시간

애초에 자본주의와 도시화는 떼려야 뗄 수 없는 관계다. 근대 자본주의는 공장에서 대규모로 물건을 만들고, 도시에 사람들을 집중시켜 시장에서 판매함으로써 부를 축적하는 시스템으로 돌아가기 때문이다. 이 시스템 안에서는 일을 하기에도, 일을 시키기에도, 결과물을 구매하기에도 도시와 그 주변에 살아야 효율적이다.

자본주의 경제의 첫 엔진 역할을 담당하는 것은 부동산을 담보로 자금을 내주는 금융 시스템이다. 많은 나라에서 부동산을 담보로 대출을 받는다. 부동산 가격이 상승할수록 빌릴 수 있는 금액은 늘어난다. 도시 부동산 수요가 증가하면 가격이 오르므로 자금이 집중되어 다양한 산업이 생겨난다. 도시의 토지 가격 상승은 한 나라의 경제력 지표이기도 하다. 정부는 땅값 상승을 뒷받침하는 정책을 펴고 건설사는 멋진 고층 아파트 생활을 연출하며 사람들의 욕망을 자극한다.

이 사이클을 더 빠르게 돌리기 위해 '주식회사'라는 시스템으로 사업이 확대되는 속도를 높이고, 국제 금융을 통해 레버리지 효과를 노린다. 이렇게 해서 우리는 경제가 돌아가는 속도를 기존의 몇배, 몇십 배 더 빠르게 만들었다.

이 시스템은 물질적인 풍요를 퍼뜨리는 데는 아주 효과적이었다. 그러나 이 시스템의 특성은 멈추지 않고 계속 빨라진다는 것이다. 결과적으로 그 속에서 사는 우리는 '시간의 여백'을 잃고, 내면의 행복을 음미할 수 없게 되었다. 동시에 기후변화가 일어났다. 문어가 먹을 것이 없을 때 자기 다리를 먹듯이 우리는 지구를 먹이 삼아 전체 환경을 바꾸어버렸다. 이것이 우리가 살고 있는 자본주의 사회의 현실이다.

점점 빨라지기만 하는 삶에 지친 사람도 많을 것이다. 하지만 우리는 이 시스템에서 벗어날 수 없다. 왜일까?

젊은 시절에는 이 흐름에 휩쓸리지 않고 살 수도 있다. 그러나 아이가 생기고 집을 사는 순간 상황이 변한다. 도시에서 아이를 키울 만한 공간에 월세로 살면 주거비 부담이 크다. 자가에서 살지 않는 한 생활이 빠듯해지기 때문에 대출을 받아 집을 사고 30년 넘게 빚을 갚기로 약속한다.

이 순간이다! 우리가 자본주의를 지탱하는 무한 경쟁에 삼켜지는 것은.

이때부터 주택담보대출을 갚기 위해 평생 돈을 벌어야 하는 인생 게임이 시작된다. 우리가 사는 자본주의 사회의 엔진은 부동산 가격 상승으로 가치가 뒷받침되는 금융 시스템이다. 우리는 부동산이나 집을 구매함으로써 이 시스템에 참가하는 것이다.

인생 게임에서 탈출하는 법

무한 경쟁에 삼켜진 우리는 일하는 방식도 마음대로 정할 수 없다. 월요일부터 금요일까지 매일 9시에 출근해 18시에 퇴근한다. 단순 계산하면 일주일에 40시간. 사람들은 이것을 당연하게 여기고, 나도 그렇다.

하지만 한 번도 생각해본 적 없는가? 정말로 그만큼의 시간 동안 일할 필요가 있는지.

핵심노동자(Key worker, 경찰 등 공공 부문의 필수 근로자)의 일은 성격상 상당 부분 시간에 구애될 수밖에 없다. 그러나 적어도 지식노동자는 반드시 주 5일 8시간씩 일해야만 하는 이유가 없는 것 같다.

예를 들어, 글 쓰는 일을 하는 사람은 원고를 완성해야 비로소 '생산했다'고 할 수 있다. 원고를 끝냈다면 결과값은 1, 못 끝냈다면 0이다. 20시간 동안 써도 원고가 완성되지 않으면 생산했다고 할 수 없고, 3시간 만에 썼어도 어쨌든 생산한 것이다. 이처럼 지식노동자의 일은 시간만으로 측정할 수 없는 면이 있다.

또한 지식노동자처럼 머리를 계속 써야 하는 직업은 뇌가 지친 상태에서는 좋은 아이디어를 내거나 문제를 해결하기 어렵다. 하루 8시간의 노동 중에 의미 있는 아웃풋을 만들어내는 시간은 전체의 몇 퍼센트나 될까? 물론 관계자와 의사소통하는 시간도 낭비라고 볼 수는 없지만, 순수하게 아웃풋을 내는 데 걸리는 시간은 의외로 짧다. 극단적으로 말해 하루 3시간만 일을 해도 충분히 생산적일 수 있다.

작가 무라카미 하루키 씨는 매일 오전 4시에 일어나 4~5시간 컴퓨터 앞에 앉아 소설을 쓴다고 한다. 그 후에는 조깅이나 수영 같은 운동을 1시간 정도 꼭 하고, 오후에는 책을 읽거나 음악을 듣거나, 레코드판을 사러 가거나, 요리를 하는 등 자유로운 시간을 보낸다.

하루키 씨는 철저하게 규칙적인 생활을 한 덕분에 오랜 세

월 꾸준히 작품을 쓸 수 있었을 것이다. 어디까지나 내 생각이지만 하루 8~10시간을 집필에 쓰는 라이프스타일이었다면 좋은 작품을 쓸 수 없었을 거라 본다.

하루 3시간 노동은 극단적인 예시일 수 있지만, 주 4일제 정도는 현실적인 선택지다. 스페인이나 스코틀랜드 등지에서는 이미 주 4일제를 시험 도입했다. 일본에서도 주 4일제를 검토하는 회사가 생기는 중이다.

아이가 있는 가족이라면 어른들만의 시간을 하루 가질 수 있다는 것이 주 4일제의 장점이다. 주말은 아이와 함께 보내고, 나머지 휴일에는 나를 위한 시간을 보내며 일과 사생활의 밸런스를 맞출 수 있다.

앞으로 사회는 한 주의 절반은 노동에, 절반은 다른 일에 쓰는 방향으로 갈 가능성이 있다. 그러면 '쉬는 날에 뭘 하면 좋을지 모르겠다'거나 '일하고 있지 않을 때는 불안하다'는 사람도 나올 것이다. 주 5일, 하루 8시간 이상 일하는 직장인 상당수는 일을 곧 자신의 정체성으로 인식하는 상태이기에 진정한 의미로 생산성이 향상되어 노동시간이 줄어들면 큰 불안에 사로잡힐 수 있다. 사회와의 연결이 끊어진다고까지 느끼는 사람도 있다.

무한 경쟁 인생에서 탈출하는 힌트는 인생의 포트폴리오를

자신을 중심으로 해서 다시 짜는 작업에 있다. 하나의 정체성 대신 상황에 맞는 여러 정체성을 가지는 편이 탈출할 가능성이 높을 것이다. 그것이 현시점에서 찾은 나의 결론이다.

성찰 4. 앞으로 어떻게 살 것인가

Q: 당신은 무엇을 할 때 가장 '나답다'고 느낍니까?

전염병과 자본주의 사회

우리에게는 앞으로 어떤 선택지가 있을까. 팬데믹의 역사를
살펴보면 역병은 인간의 사유와 활동이 지나치게 '외부'로 향
한 시기에 크게 유행했다. 스페인 독감은 제1차 세계대전 시기

군대가 확대 작전을 펼치면서 유행하기 시작했다. 중세의 페스트 역시 교역이 활발해지고 경제활동이 외부로 확장되었을 때 유행했고, 그 결과 교회 권력이 붕괴되며 르네상스로 이어졌다. 경제활동에 가속도가 붙으면 팬데믹이 일어나고 그 반동으로 힘이 '내부'로 향하는 현상이 일어났다.

경제가 돌아가는 동안 사람들의 의식은 외부에 집중된다. 정치나 정책, 회사의 제도 같은 자신을 둘러싼 환경에 불만이 있어도 '경제가 잘 돌아가고 있으니 괜찮겠지'라며 문제를 외면한 채 생활할 수 있다.

그러나 경제활동이 멈추면 가뭄에 강바닥이 드러나듯 보이지 않던 것이 보이기 시작한다. 긴급사태선언으로 경제활동이 일시 정지되면서 그전까지 수면 아래 감춰져 있던 사회의 모순을 많은 사람이 직시할 수밖에 없었다. 그리고 이 모순이 사회뿐 아니라 개인 건강이나 회사 조직에도 '고름'을 만들고 있다는 사실을 깨달은 사람이 늘고 있다.

명백한 모순 중 하나는 경제적 양극화다. 과도한 자본주의의 산물인 극단적인 불평등은 실질적으로 아무도 제어할 수 없는 상태에 다다랐다. 일본에서도 팬데믹 시기 경제가 돌아가지 않게 되자 형편이 어려운 사람들의 현실이 전보다 훨씬 더 적나라하게 드러났다.

또 하나의 모순은 기후변화다. 팬데믹으로 경제활동의 속도가 느려지자 이산화탄소 배출량이 13퍼센트나 줄었다는 사실은 우리가 경제 시스템을 돌리기 위해 얼마나 환경오염 문제를 방치하고 있었는지 알려준다. 미디어에서는 연일 감염자 수나 사망자 수를 자극적으로 보도했지만, 한편으로는 갠지스강이 깨끗해지거나 베이징의 하늘이 맑아졌다는 긍정적인 뉴스도 있었다.

기후에 대한 의식은 기업을 경영하는 방식에도 영향을 끼칠 것이다. 기존에는 기업은 자사 가치를 끊임없이 높여야만 한다는 인식이 일반적이었다. 기업가치를 높여 전년보다 주주배당금을 늘리는 것이 주주자본주의의 전제이며 절대선(絶對善)으로 여겨졌다.

그러나 팬데믹을 거치며 이러한 상식은 흔들렸다. 배당금을 짜내려고 직원 고용을 줄인다거나, 환경대책에 들이는 비용을 깎는 것이 과연 올바른 일인지 의문을 가지는 사람이 많아졌다. 기업이 장기적인 가치를 재검토하고, 그에 따라 주주 이외의 이해관계자에게도 사회적 책임을 다하는 선택지도 있어야 하지 않을까. 앞으로는 사회적 가치를 실천하는 기업이 더 높은 평가를 받을 것이다.

자본주의에서 한 발짝 벗어나기 위해

이번 장에서는 사람들이 외출 자제 기간에 이전까지와는 다른 행동을 했다는 점을 살펴보았다.

1. 무언가를 만들어낸다.
2. 자기를 표현한다.
2. 가족이나 이웃과 함께한다.
4. 자연을 가까이한다.

그야말로 나를 주체로 시간을 보내는 방식, 즉 '자신의 시간을 사는' 것이라고 할 수 있겠다.

이는 시골 생활을 즐기는 법과 비슷하다. 시골의 삶은 자신의 활동을 화폐 가치로 환산하지 않는 삶이다. 각 지역의 한정된 공간 속에서 경제활동을 하다 보면 사람들끼리 직접 관계를 맺으면서 서로 가까워진다. 그러면 "돈은 안 받아도 돼요.", "요전에 신세 졌으니 무라도 가져가세요." 같은 친밀한 커뮤니케이션이 이루어지면서 공동체 관계가 깊어질수록 화폐경제의 계산법은 개입하기 어려워진다. 동시에 그 과정에서 타인과의 교류라는 풍요로움을 얻을 수 있다.

앞에서 소개한 오카야마현 니시아와쿠라 마을의 이노우에 다쓰야 씨는 "시골 생활은 뭔가를 만들고 그것을 교환하면서 풍요로움을 번다는 느낌이 있다."라고 말한다. 자연 가까이에서 생활하고 아틀리에나 자신을 표현할 수 있는 '여백'을 간직한다. 이것은 정신적인 풍요로움을 음미하는 나날이다. 우리가 격리 기간 동안 경험한 일상의 풍요로움과 같다.

사람들이 느끼는 풍요로움은 각자 기준이 달라 서로 비교하기 어려운 내면적인 것으로 바뀌었다. 그것은 화폐경제로는 값을 매길 수 없다. 외식하는 대신 요리를 하고, 옷을 사는 대신 웹사이트를 만들며, 회식을 하는 대신 미니 텃밭을 가꾼다. 타인과의 비교가 필요 없는, 자기 주체적으로 시간을 보내는 생활 양식이다. 돈도 들지 않는다.

극단적인 가정일지도 모르지만, 이 방향으로 계속 나아간다면 가까운 경제활동 범위에서는 화폐 유통량이 줄고, 선물 경제(Gift Economy, 재화를 선물로 나누어줌으로써 물질적 필요를 충족하는 경제-옮긴이 주)로 돌아갈 것이다. 화폐의 역할은 전 세계가 연결된 디지털 세상에서 공통 가치를 측정하는 쪽으로 변화해 갈 것이다. 이렇게 되면 현재 경제 척도인 GDP는 감소해도 이상하지 않다. 우리가 진심으로 원하는 '필요충분한 행복'을 만족시키기 위해서 말이다.

앞에서 자본주의 생존 게임에서 탈출하기란 상당히 어렵다고 썼다. 그러나 자신을 표현할 수 있는 '여백'을 가지고 특별하지 않은 일상의 풍요로움을 추구하는 방식에 어떤 힌트가 있을 것 같다. 스스로 풍요로움의 기준을 세우고 타인의 시간이 아닌 자신의 시간을 사는 삶.

'자신의 시간을 산다.'

여기에 탈출 힌트가 있다고 치고 한번 생각해보자. 과연 그런 변화는 어떻게 가능할 것인가?

제2장

트랜지션: 새로운 나를 만나다

변화를 이해하는 유일한 방법은
변화에 뛰어들어 함께 움직이고
그 춤에 동참하는 것이다.

앨런 와츠

변화를 원하는 사람들에게

'그레이트 리셋'이 일어나자, 많은 사람이 기존의 일과 사는 곳, 인간관계를 다시 고민하고 변화를 추구하기 시작했다. 내 주변에도 최근 몇 년 사이 직업을 바꾸거나, 이주 혹은 두 지역살이를 택하는 사람들이 급격히 늘어났다. 이런 현상의 바탕에는 자본주의 경제가 만든 가치관에 대한 의심과 거기에서 한 걸음 벗어나 나의 시간을 살고 싶다는 마음이 있다고 생각한다.

변화가 일어날 때, 외부 요인에 의한 변화를 '체인지'라고 하고 내부 요인에 의한 변화를 '트랜지션'이라고 한다고 했다. 팬데믹이라는 외부 요인에 의해 나의 내면에는 다음과 같은 물음표들이 생기기 시작했다.

- 내 시간이 없을 만큼 바쁜 생활을 유지하는 이유는 뭘까?
- 왜 건강을 해치면서까지 계속 일하는가?
- 이대로 도쿄에서 살면 미래에 이정표로 삼아야 할 '지속 가능한 생활'을 실천하기는 어렵지 않을까?
- 아이 교육을 생각했을 때, 도쿄에서 키우는 것이 과연 최선인가?

몇 가지 고민이 내 머릿속을 떠나지 않았고, 앞으로도 지금과 같은 생활환경을 유지한다고 생각하니 뭔가 개운치 않았다. 솔직히 미래의 비전이 명확히 보이지는 않았지만, 그 불편함을 모른 척할 수 없는 상황이 오자 무엇인가 바꾸어야 한다는 생각이 들었다.

나처럼 팬데믹이 불러온 '일시 정지'를 계기로 가치관의 전환을 겪은 사람이 많지 않을까 한다. 전환 도중에 있지만, 아직 이다음에 어디로 향해야 할지 비전을 찾지 못한 사람들도 적지 않을 것이다. 초조한 기분은 충분히 이해가 간다. 나도 여전히 다음 단계로의 트랜지션 중이기 때문이다.

자신의 정체성이 흔들리는 인생의 전환기에는 불안이 따르기 마련이다. 이러고 있어도 되는지 이유 없는 불안이 엄습해오기도 한다. 모델로 삼을 만한 삶의 기준을 잃어버린 셈이므로 불안한 것이 당연하다. 나 역시 그런 불안과 성찰의 시간을 보내며 생각을 정리하고 근거로 삼을 프레임을 계속 찾아봤다. 그러던 중 다음 이론을 접하게 되었다.

'**트랜지션 모델**(Transition Model)'.

미국의 저명한 인재 컨설턴트 윌리엄 브리지스가 이전의 자신을 버리고 새 비전을 찾아내어 새로운 자신으로 다시 태어나는 과정을 사고 프레임으로 설명한 이론이다.

이번 장에서는 새롭게 태어나고자 내적인 여행을 시작한 사람들에게 그 시기를 헤쳐나가는 데 도움이 될 트랜지션 모델 이론을 소개하고자 한다.

트랜지션의 세 단계

윌리엄 브리지스에 따르면 인생의 트랜지션은 세 단계로 이루어진다고 한다.

1단계는 '끝내기'(Endings)다.

지금까지 별생각 없이 관성적으로 지속해 왔던 생활이나 습관, 일 등을 단호히 끝낸다. 그럼으로써 새로운 것을 받아들일 수 있는 '여백'이 생겨난다. 제1장에서 언급된 이주로 인해 인간관계가 반강제적으로 리셋된 사례도 전형적인 '끝내기' 단계에 해당한다.

2단계는 '중립 지대(Neutral Zone)'다.

과거의 방식을 리셋 하면 방향감각을 잃고 불안에 사로잡힌다. 그래도 현실에서 느끼는 감각에 집중하며 의식적으로 감성을 자극하는 활동을 하는 것이 중요한 시기다.

마지막 3단계는 '새로운 시작(New Beginnings)'이다.

여러 가지 길을 계속 찾다 보면 나아갈 방향이 보이기 시작한다. 그때부터는 모드를 바꾸어 그 방향으로 적극적인 행동에 나선다. 이러한 단계를 통해 사람은 트래지션의 혼란을 극복할 수 있다.

미국의 베스트셀러 작가이자 방송인인 브루스 파일러는 트랜지션을 겪은 225명을 인터뷰하여 그들의 경험담을 《위기의 쓸모》에 정리했는데, 그 내용을 간략히 소개하면 다음과 같다.

1. 트랜지션이란 사춘기, 중년의 위기 등 특정 시기에 주로 해당한다고 생각하기 쉽다. '인생에서 가장 힘들었던 시기는?'이라는 질문에는 45~49세였다고 대답하는 사람이 많지만, 실제 인터뷰를 진행한 결과 트랜지션이 일어난 시기는 특정 연령대에 치우쳐 있지 않았다. 즉, 트랜지션은 어느 연령대에든 찾아온다.

2. 트랜지션 기간은 4~5년이라고 대답한 사람이 가장 많으며, 예상보다 오랜 시간이 걸렸다는 사람이 많다.

3. 스스로 트랜지션을 일으킨 사람은 43퍼센트, 상황의 변화로 트랜지션을 해야 했던 사람은 57퍼센트였다.

4. 트랜지션의 단계는 실제로는 명확하게 구분되지 않는다. 다음의 그림처럼 번갈아 일어나며 진전된다.

5. 트랜지션의 어느 시기가 힘들었는지에 관한 설문조사에서는 '중립 지대'가 47퍼센트, '끝내기'가 39퍼센트, '새로운 시작'이 14퍼센트였다.

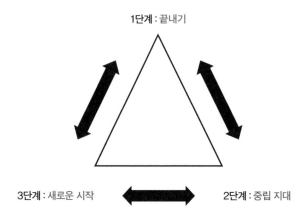

· 트랜지션의 세 단계 ·

1단계 : 끝내기

3단계 : 새로운 시작　　　　　　　　　2단계 : 중립 지대

　트랜지션은 자신의 내면 변화와 외부 환경이 맞지 않을 때 발생한다고 한다. 예를 들어, 기업가가 설정한 목표를 달성했을 때 내면에서는 다음 목표를 세우고 앞으로 나아가고 싶지만, 실제로는 매일의 업무에 대응해야 해서 기존 사업을 계속하는 경향이 생긴다. 이렇게 심리와 실제 사업 사이의 괴리가 생기는 경우가 전형적인 예라고 할 수 있다.

　트랜지션이 일어나는 양상은 사람마다 다르지만, 그 시기를 어떻게 보내면 좋은지 기준이 있다면 트랜지션 과정이 훨씬 쉬워질 것이다. 다음 내용에서 트랜지션의 세 단계를 구체적으로 알아보자.

EXIT

'끝내기': 팽팽한 관성의 끈을 놓아버리다

트랜지션 모델 이론에서 첫 단계는 '끝내기'다. 이 시기에는 지금까지 당연하게 여겨온 것들을 놓아줘야 한다. 일단 끝을 내면 새로운 것을 받아들일 '여백'이 만들어지기 때문이다.

사람은 자기 생각보다 훨씬 더 관성에 따라 살아간다. 무언가를 그만두면 남에게 피해가 갈 수도 있으므로 결단을 내리기 어려운 법이다. 그럼에도 트랜지션을 시작하는 데 있어서는 그만둘 용기가 중요하다.

직장을 다니다가 출근길이 더는 설레지 않거나, 일이 지루하다고 느껴본 적은 없는가. 혹은 연애나 결혼생활에서 파트너와 대화조차 주고받지 않는데 단지 헤어지자고 말하기가 두려워서 동거를 유지하거나, 서로에게 상처가 될 뿐인데도 아이들을 생각해서 참고 사는 경우라면? 이런 상황들은 모두 트랜지션의 시작을 알리는 전조일지도 모른다.

이럴 때는 관성에서 벗어나 과감하게 끝을 내야 트랜지션으로 이어지기 쉽다. 극단적인 처방 같지만 본질적인 변화를 일으킬 수 있는 방법이다.

모든 것은 '놓아주기'에서 시작된다

〈호보넛칸이토이신문〉이라는 온라인 신문사의 이사 겸 최고재무담당자였던 시노다 마키코 씨는 다음 직업을 정하지 않은 채 회사를 그만두고, 그 기간을 일부러 '잡리스(Jobless)'라고 불렀다. '무직'이라는 말이므로 언뜻 들으면 부정적이지만, 그녀에게 '잡리스' 기간은 하고 싶은 일을 찾기 위한 귀중한 탐색의 시간이었다.

대학교 교직원에게는 10년에 한 번씩 1년간 쉴 수 있는 안식년이라는 제도가 있는데 지식노동자에게도 안식년과 같은 리셋 기간은 적절한 트랜지션을 맞이하는 데 매우 중요하다고 생각한다.

나도 20대에 P&G에서 브랜드 매니저로 승진한 후, 번아웃 증후군에 걸려 회사를 그만두고 1년 정도 무직으로 지낸 경험이 있다. 정신건강의 악화로 일을 계속하기 어려워 커리어가 강제 종료된 셈이다.

그 시기에는 세상이 잿빛으로 보였다. 직업이 없이 아무 일도 하지 않는 상태는 정신적으로 상당히 힘들다. 사람을 만날 때도 떳떳하지 못하고 얼굴을 못 들겠다는 생각이 앞섰다. '아무것도 아닌 사람'이 되었다는 두려움과 막막한 앞날에 대한 무력감에 절망하고 있던 때였다.

그래서 당시 나는 무작정 마음이 끌리는 일을 찾았다. 나를 표현할 수 있는 연극이나, 자화상을 그리는 워크숍에 참가하기도 했고, 컬러 테라피나 아로마 테라피를 받으러 다니기도 했다. 일부러 내 전문이 아닌 분야를 경험해서 의식적으로 감성을 자극하려 했다.

그렇게 시험 삼아 해보던 것들 중 하나가 디자인 스쿨로, 이후 유학을 가서 디자인 사고를 배우는 계기가 되었다. 10년이 지난 지금 돌이켜보면 그때의 시도가 현재 하는 일과 이어진 것이다. 세상이 잿빛으로 보이던 그때, 유일하게 내 인생에 색을 더해준 것은 그림이나 연극 같은 예술이었다. 예술을 할 때만 설렘을 느낄 수 있었다.

'이제 이것뿐이다.' 그런 심경이었기 때문에 커리어 방향을 비즈니스에서 디자인으로 틀고 계속 나아갔다. 그 시기가 없었다면 지금처럼 전략 디자인 회사를 차리고 디자인 업계에 종사하는 일은 없었을 것이다. 무직이었던 시절은 내 인생의 '여백'이자, 새로운 나와 만나기 위해 필요한 시간이었다.

그런데 이런 인생의 방향 전환을 일을 계속하면서 할 수는 없을까? 현재 분야에 힘을 쏟으면서도 그 너머에서 새로운 비전을 찾아낼 수는 없을까? 이렇게 생각하는 사람도 있을 것이다.

나에게 직장인의 세상은 '눈부시게 밝은 세계'다. 회사 구성원들이 각자가 가진 능력을 활용해 누군가를 돕는다. 서로 가치 있는 것을 교환하는 세계. 이런 밝은 세계에서는 주변 사람들의 빛이 너무 눈부셔서 자기가 가진 빛을 알아차리지 못한다.

미래의 나에게 의미가 있을지도 모르지만, 아직 확신이 없는 요소들은 이 '눈부시게 밝은 세계'에서는 아무래도 우선순위가 떨어지기 마련이다.

그래서 트랜지션을 할 타이밍이라는 생각이 든다면 끝을 내거나 손을 놓는 용기가 필요하다. 사람마다 끝내는 대상은 일이든 도시 생활이든 다양하겠지만, 뭔가를 끝내야만 새로운 '여백'이 생기고 변화할 수 있다는 점은 같다.

제1장에서 언급했듯이, 코로나 팬데믹 사태는 경제활동을 제한시키고 기존의 일과 생활 방식을 반강제적으로 일시 정지시켜 우리의 가치관을 리셋 했다. '끝내기'의 예행 연습을 경험하게 했다고도 볼 수 있다. 많은 사람들이 본인의 의사와는 상관없이 트랜지션의 시작점에 서게 된 것이다.

그만두기가 두려운 사람은 어떻게 할까

그렇다면 '끝내기' 직전에 있는 사람은 어떤 점에서 망설이고 결심을 미루게 될까?

팬데믹으로 기존의 삶이 멈추자, 많은 직장인들이 사실은 별로 하고 싶지 않은 일을 관성적으로 계속해왔음을 깨달았다. 특히 일단 회사에 들어가서 승진하기 위해 상사의 불합리한 지시를 견뎌오던 사람이라면 더 뼈저리게 느꼈을지도 모른다. 거리두기나 재택근무로 회사와의 연결이 일시적으로 끊기자 동기부여가 되지 않는 일을 관성만으로 계속하고 있었다는 걸 말이다. '내가 있을 곳은 여기가 아닌 거 같아', '일이란 게 나에겐 무슨 의미가 있었지?'라는 내면의 파문과 함께.

사람들은 자본주의라는 운영체제 위에서 비즈니스라는 게임을 하고 있다. 연봉을 올려서 자산을 축적하고 승자가 되기 위해 밤낮없이 일한다. 그러면 연봉이 오르고, 매출이 오른다. 성장한다. 이를 통해 자신이 의미 있는 존재가 된다고 믿는다.

그게 사실이 아님을 깨달았다고 해서 쉽게 그만둘 수도 없다. 그 이유는 이미 일에 '중독'되었기 때문이다. 게임에서 져서 가치 없는 존재가 되고 싶은 사람은 없다. 패배자가 되지 않기 위해서 열심히 일하다가 점점 워커홀릭이 되어간다. 워커홀릭도 중독의 일종이다.

중독이란 '특정 요소가 없으면 불안한 심리상태'를 말한다. 보통 술이나 마약을 떠올리겠지만 중독의 대상은 일, 스마트폰, 인정욕구 등 다양하다. 중독의 특징은 불쾌한 기분을 회피하기 위해서 단기적으로 자신을 만족시키는 대상에 의존한다는 것이다.

사람이 가득한 지하철에서 스마트폰을 보는 행동도 전형적인 중독 증상이다. 좁은 공간에 수많은 사람이 꽉 들어차 낯선 사람과 몸을 접촉하는 것은 인간에게는 불쾌한 상황이다.

반면, 스마트폰 화면에는 익숙하고 친근한 정보들이 나오기 때문에 스마트폰을 보고 있으면 불쾌한 감정이 완화된다. 그래서 발 디딜 틈 없이 빽빽한 지하철에서 열심히 스마트폰 화면을 들여다보며 그 상황을 견뎌내는 것이다.

워커홀릭이라 불리는 일 중독도 마찬가지다. 워커홀릭은 '쓸모 있는 존재가 되고 싶다, 그렇게 되어야만 한다'는 불안감에서 출발한다. 자신이 일에서 가치를 만들어내지 못할지도 모른다는 마음속 깊은 곳의 불안을 회피하기 위해서 필사적으로 일에 매달린다. 일하는 동안에는 불안을 느끼지 않기에 밤낮없이 일하게 되는 것이다.

일 자체는 과로로 컨디션이 무너지지 않는 한 몸에 해가 되지는 않으므로 인생에 악영향을 준다고 할 수는 없다. 하지만 워커홀릭인 사람은 자기 내면의 목소리를 듣지 못하고 있을 가능성이 크다. 중독의 또 다른 특징은 '나는 상황을 통제할 수 있다'고 믿는 것이다. 마약중독 환자는 의학적으로 완전히 중독 상태인데도 "아니다, 나는 잘 조절하고 있다."라며 자신의 상태를 객관적으로 보지 못한다.

그동안 많은 직장인들도 어쩌면 그들처럼 일하는 방식을 스스로 통제하고 있다고 믿고 있었던 것 아닐까. 이제는 변호사, 전략 컨설턴트, 외국계 은행, 광고 대행사, 상사 등 격무로 유명한 회사들도 최근 10년 사이에 업무 방식이 크게 개선되어 예전처럼 새벽 3~4시까지 일하는 걸 당연시하지 않는다. 사무실 출근이 제한되면서 업무 방식을 다시 고민할 기회가 찾아왔다. 각자 사무실 근무에서 벗어나 느낀 것은 '지금까지 일하던, 혹은 살던 방식은 정상이 아니었을지도 모른다'라는 점이다.

만약 내가 워커홀릭이라면 어떻게 해야 할까? 나는 앞서 이야기했듯이 KDDI와 공동으로 디지털 디톡스 프로젝트를 진행했다. 당시 중독에 대해 철저하게 조사하면서 상황을 억지로 해결하는 것은 중독에서 벗어나는 좋은 방법이 아니란 걸 알게 됐다. 현재 상태가 정상적이지 않음을 깨달았다고 해서 원인부터 강제적으로 없애려 들면 근본적인 해결이 되지 않는다. 사고 패턴을 바꾸지 않은 채 '일이 힘든 것은 회사 탓'이라며 비난만 한다면 언제까지고 자기 자신을 바꿀 수 없다.

일에서 한계에 부딪힌 사람에게 중요한 것은 먼저 받아들이는 것이다. "지금 일어나고 있는 일은 전부 사실이다. 하지만 그게 나쁜 건 아니다. 단순한 증상일 뿐이다."라고 자각해야 한다.

그리고 동료를 만드는 것이 중요하다. 서로 있는 그대로 자신을 솔직하게 드러내고, 그 모습을 수용하는 데서부터 시작한다. 그 후 조금씩 행동을 바꿔나가는 것이다. 눈앞에 음식이 있고 그걸 먹고 싶다는 생각이 들었다고 하자. 지금까지는 생각하자마자 바로 먹었다면 이제부터는 다른 행동, 이를테면 '먹지 않고 책을 읽는다'라는 행동으로 바꿔본다. 인지행동치료에서 사용하는 방법 중 하나로, 자신의 생각 패턴을 의식적으로 이해한 후, 같은 자극을 받았을 때 다른 행동을 선택함으로써 점차 습관을 바꿔나가는 방식이다. 이 방법은 업무에도 적용할 수 있다.

앞에서 일을 그만두는 것은 극약처방이지만 본질적인 변화를 일으키는 데 좋은 방법이라고 했다. 그러나 트랜지션의 타이밍이라고 생각해도 바로 일을 그만둘 수 있는 사람은 많지 않을 것이다. 그렇다면 지금까지 일하던 방식이 잘못되었다는 것을 받아들이고, 조금씩 행동을 바꾸어서 변화를 꾀하는 것이 현실적이다.

나는 소니에서 일하던 시절 '민츠쿠 공방'이라는 스터디 프로그램을 진행한 적이 있다. 민츠쿠는 '공동 창작'이라는 의미인데, 말 그대로 여러 사람과 함께 아이디어를 만들어내는 워크숍 연구였다. 지금은 공동 창작이라는 개념이 비교적 많이 알려졌지만, 스터디를 하던 2010년 무렵에는 아직 이 개념이

낯설었고 회사 내에서 크게 주목받지 못했다.

하지만 회사 밖에는 동료가 있었다. 그들과 함께 프로토타입을 실현하고 그 성과를 토대로 2~3년 후에 회사 내에서 다시 시도할 수 있었다. 그 후 회사에 소속된 채 부업으로 워크숍을 진행하며 처음으로 5~10만 엔이라는 보수를 받았다. 결코 많은 금액은 아니었지만, 이 경험 덕에 더 큰 커리어 트랜지션을 맞이하게 되었을 때 자신감이 생겼다.

이제는 부업을 허용하는 회사도 늘어났다. 회사에서 명령대로만 일하며 수동적으로 커리어를 쌓아온 사람이라면 부업을 계기로 '나는 무슨 일을 하고 싶은가?', '왜 그 일을 하고 싶은가?'라는 질문의 답을 고민해볼 수 있을 것이다.

또한 회사와 다른 환경에서 일을 하다 보면, 다양한 사람들과 교류하며 새로운 커뮤니티에 소속될 기회가 생긴다. 꼭 금전적인 보상을 받는 일이 아니어도 괜찮다. '제2의 직업'을 시작함으로써 일에만 매달리던 생활에서 벗어나 균형 잡힌 삶으로 나아가는 첫걸음을 내디딜 수 있을 것이다.

> Q. 부업을 한다면 어떤 일을 하고 싶습니까?
> 그 직업에서는 어떻게 일하고 싶습니까?

끝내지 못한 일을 끝내기

나는 클레어몬트대학 드러커 경영대학원의 제레미 헌터 교수에게 트랜지션 이론을 배웠다. 그는 도쿄에 '트랜스폼 (Transform LLC)'이라는 단체를 공동 창설하고 트랜지션 강의를 개최하고 있다. 나도 창설자에게 직접 배우고 싶다는 마음으로 프로그램에 참가했는데 그때 다음과 같은 과제를 받았다.

"본인이 끝내지 못한 일을 전부 적어보세요. 중대한 일이든 사소한 일이든 상관없습니다. 그리고 아무리 사소한 일이라도 끝내고 오세요."

끝낸다는 말을 들으면 커리어나 파트너십 같은 중요한 일을 끝내는 것만 상상하기 쉽다. 그러나 헌터 교수는 일의 중요도와 상관없이 사람마다 끝내는 방식에 패턴이 있으며, 자신의 패턴을 아는 것이 중요하다고 했다.

과제를 받고 나도 리스트를 작성했다. 사소한 일로는 '옛날에 빌린 책을 돌려주지 않았다', '새집 먹이통을 수리해야 하는데…' 같은 것들이 있었고, 큰일로는 '과거 인간관계의 해소되지 않은 응어리' 같은 것들이 있었다.

그중에서도 특히 내가 완료하지 않고 '방치'하는 패턴이 있다는 걸 깨달았는데, 무언가에 이별을 고하는 걸 어려워한다는 점이었다. 예를 들어, 나는 이벤트나 연수가 끝날 때 사람들과 헤어지는 순간이 굉장히 힘들다. 사람들은 만나고 또 헤어지기 마련인데, 나는 그 이별의 아픔을 마주하는 데 서툴다.

생각해보면 인생은 늘 새로운 일을 시작하고 끝내는 과정의 반복이다. 그중에서 뭔가 끝내지 않은 것이 있을까? 완결 짓지 못한 상태로 남겨둔 일이 있는가?

용기를 내서 사소한 일부터 끝내는 것은 누구나 쉽게 시작할 수 있고, 좋은 습관이 될 수 있다.

> Q. 당신이 지금 끝내지 못하고 있는 일은 무엇입니까?
> 사소한 일이라도 좋으니 하나만 끝내봅시다.

'중립 지대': 불안의 수면 아래에서 헤엄치다

어떤 일을 그만두면 '나는 아무것도 아니다'라는 생각이 드는 불안정한 시기에 들어간다. 이 단계를 '중립 지대(뉴트럴 존)'라고 한다.

너무 바빠서 여유가 있으면 좋겠다고 생각했는데, 정작 시간이 남아돌면 며칠 만에 불안해지는 경험을 한 적 있는가?

2020년 4월부터 긴급사태선언이 이어지던 동안 BIOTOPE에는 일이 전혀 들어오지 않아 매출이 일시적으로 끊겼다. 한창 프로젝트로 바빠야 할 시기에 갑자기 일이 끊기자 설명하기 어려운 초조함이 몰려왔다. '불요불급(不要不急)'이라는 말이 자주 언급되던 가운데('필요하지 않고 급하지 않다'는 의미로 코로나 팬데믹 시기 일본 정부와 보건 당국이 국민에게 생활 필수 요소가 아닌 활동이나 서비스는 자제하도록 요청하는 의도로 사용되었다-옮긴이 주), 우리 스스로도 우리 일의 존재 가치에 의문이 들었다.

'아무것도 할 일이 없다', '사회가 우리를 필요로 하지 않는 건가?'

그런 시기는 자신이 아무것도 아닌 것 같다는 불안과 마주하는 시간이다. 이는 내면에 자리한 두려움과의 싸움이기도 하다. 앞서 언급한 《위기의 쓸모》에는 사람들이 트랜지션 기간에 마주하는 감정의 종류를 조사한 결과가 있다. 흥미롭게도 그중 가장 많이 언급된 것이 '두려움'이었다.

방향은 모르겠지만, 일단 움직인다

어떤 일을 그만둔 후 생긴 공백기, 끝내고 나서 새로운 것이 오기를 기다리는 시기, 일정이 없는 '여백'의 시간. 동시에 아무것도 아닌 자신에 대한 두려움과 맞서야 하는 긴 탐색의 시간. 이 양면성을 가진 기간이 바로 '중립 지대'다.

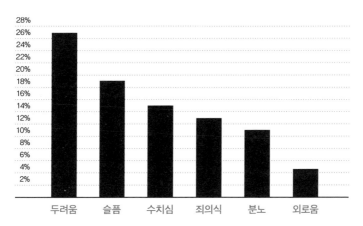

· 트랜지션 중에 마주하는 감정의 종류 ·

《위기의 쓸모》의 내용을 바탕으로 함.

이때는 관심이 생기는 일은 뭐든 시도해보는 것이 좋다. 지인이 같이 가자는 이벤트에 참가하거나, 해보고 싶었지만 손을 대지 못하던 일들을 리스트로 작성하고 하나씩 전부 해보는 것이다. 그러다 보면 자연스럽게 마음이 끌리는 일을 발견할 때가 있다. 그때는 과감하게 그 방향으로 나아가면 된다.

이 책을 출간한 아사마사의 창립자 사카구치 소이치 씨는 다니던 출판사를 그만두고 가루이자와로 이사한 뒤 직접 출판사를 세웠다. 처음부터 출판사를 세우려고 한 건 아니었다. 이사한 첫해에는 새로운 일을 시작하고는 싶었지만, 뭘 해야 할지 구체적으로 떠오르지 않았다고 한다. 전형적인 '중립 지대'였다.

그때 그는 관심이 생기는 일은 무조건 시도해봤다. 가루이자와에서 어린이 대상 놀이시설을 만들려는 활동가에게 일면식도 없는데 찾아가기도 했고, 구체적인 계획도 없이 동네 공유 사무실에서 일하는 사람들에게 "같이 뭔가 해봅시다."라고 제안하기도 했다. 이때는 그저 불안하고 초조한 마음뿐이었다고 한다.

이렇게 불안 속에서도 1년 동안 계속 움직이던 중, 정말로 하고 싶은 일을 만나는 순간이 찾아왔다. 어느 날 아내와 가루이자와에 출판사가 있으면 재밌겠다는 이야기를 하다가 아내가 "누군가 먼저 해버리면 아깝겠네."라고 하자 갑자기 '내가 해야겠다'는 생각이 들었다고 한다. 사카구치 씨는 이때 '누구나 출판사를 세울 수 있는 건 아니다. 이런 기회를 깨달은 나는 운이 좋다'고 생각했다고 한다. 그는 출판사에서 일한 경험이 있어 책의 제작과 유통, 판매까지 구체적인 로드맵을 그릴 수 있었고, 순식간에 회사를 설립할 수 있었다고 한다.

사카구치 씨의 사례에서 주목할 점은 처음부터 출판사를

세우고자 한 것이 아니라, 이주 후 1년간 불안과 막막함 속에서도 길을 계속 찾아본 결과, 해야 할 일(비전)을 만났다는 점이다. 이것이 바로 트랜지션 과정의 본질이다.

불안을 길들이는 세 가지 방법

'중립 지대' 단계에서는 불안한 기분에 사로잡히기 마련이다. 팬데믹 기간에는 나도 일정이 전혀 없는 날들이 이어졌다. 원래는 시간이 없어서 불만이었는데, 정작 일이 없어져 하루 일정이 텅 비자 느껴진 것은 해방감이 아니라 불안이었다. '나는 세상에 가치를 만들어내지 못하는 존재인 건가', '이대로 누구에게도 필요 없는 사람이 된다면?'이라는 두려움이 고개를 들었다. 이것은 앞서 썼듯이 나뿐만 아니라 '중립 지대'에 들어간 사람 대다수가 겪는 경험이다.

개인마다 정도의 차이는 있겠지만, 특히 트랜지션을 겪는 중간 과정에서 불안과 두려움은 더욱 선명해진다.

그래서 나의 경험과 여러 전문가들의 조언을 바탕으로, 트랜지션 과정 중에 겪는 불안감이나 두려움에 대처하는 몇 가지 방법을 소개하고자 한다.

1. 자신의 감정을 기록한다

자신의 감정을 있는 그대로 노트에 적어 내려간다. 감정에 대한 일기라고 생각하면 된다. 불안과 두려움은 명확한 형체가 없으면 계속 부풀어오른다. 그러나 내가 무엇을 두려워하는지, 어떤 불안을 느끼는지 전부 적어가다 보면 상상하는 최악의 시나리오가 현실은 아님을 깨닫게 된다.

2. 이야기를 들어줄 사람을 찾는다

트랜지션 중간에는 감정이 끊임없이 흔들린다. 이럴 때는 멘토나 상담사처럼 변화 과정 동안 나를 지지해줄 상대를 찾으면 좋다.

이 시기의 불안과 두려움을 일상 대화의 소재로 삼기는 어렵다. 남의 이야기를 그렇게 깊이 들어줄 상대도 흔치 않다. 그러므로 신뢰할 만한 누군가에게 내 이야기를 하고 받아들여질 때 우리는 자기 감정을 객관적으로 볼 수 있게 된다. 또한 머리로는 틀렸다는 걸 알고 있어도 내면의 왜곡된 관점을 버릴 수 없을 때, 누군가 내 이야기를 들어준다는 것은 내면을 정화시키는 계기가 될 수 있다.

바꿔 말하자면 불안과 두려움을 품은 나를 제3자의 관점으로 메타인지 함으로써 그 감정에 대처할 힘을 얻는다. 트랜지션 시기에는 멘토의 코칭이나 상담과 같이 '내 이야기를 하고 받아들여지는 경험'에 투자하는 것도 효과적이다.

3. 불안의 정체를 정면으로 마주한다

불안한 마음을 글로 풀어내 보거나 남에게 이야기하면 불안과 두려움의 정체가 점점 뚜렷해진다. 예를 들자면 누군가에게 미움받지 않을까, 일을 그만두면 돈이 부족해지지 않을까, 사람들이 나를 떠나지 않을까 등 막연하지만 자기존엄과 관련된 불안일 수 있다.

아무것도 할 수 없다는 무력감이야말로 불안과 두려움의 원천이다. 이때 용기를 내어 어떤 행동이든 취하면 불안을 '길들일' 수 있다. 단번에 다 해결되지는 않더라도, 그 불안을 통제할 수 있게 된다.

중요한 점은 내 생각을 그대로 들여다보는 것이다. 그러기 위해 나는 꿈을 기록하는 습관을 들였다. '융 심리학[카를 융이 창시한 심층 심리학으로 분석심리학(Analytical Psychology)이라고도 한다- 옮긴이 주]'에서는 꿈을 심층 심리가 보내는 메시지로 보고 분석의 대상으로 삼는다. 머리맡에 일기장이나 스마트폰을 두고 아침에 일어나자마자 꿈을 기록한다. 꿈에서 어떤 기분이었는지를 떠올려보면 자신의 내면을 더 잘 이해할 수 있다. 재미있게도 이런 '꿈 일기'를 쓰기 시작하면 꿈을 더 자주 꾸게 된다. 그리고 현실 세계와 꿈의 세계가 서로 이어져 있다고 느껴지고, 시야가 넓어지는 것 같다.

새로운 비전을 만나기 전까지의 '중립 지대'는 말하자면 방향감각 없이 헤매는 안갯속이다. 그 안에서는 새로운 일에 일단 도전해보자는 액셀 페달과 불안에 대처하는 브레이크 페달 둘을 함께 가지고 '이쪽인가?', '저쪽일지도 몰라' 하는 마음으로 탐색하며 나아가는 것이 좋다.

단순히 좋아하는 일이든, 이전부터 해보고 싶던 일이든 어느 쪽이나 괜찮다. 먼저 방향을 정하지 말고 일단 움직여보자.

'만약 돈을 벌지 않아도 된다면 무엇을 하고 싶은가?'라고 자문하며 접근하는 것도 좋은 방법이다. 보통 사람들은 돈을 벌기 위해 일을 해야만 한다고 믿고 있으나, 무의식중에 반드시 지켜야 한다고 생각하는 역할을 내려놓고 불안감이라는 장애물을 치우고 생각하다 보면 지금까지와는 다른 풍경이 보일 것이다.

Q. 당신이 가진 두려움은 어떤 것입니까?

새로운 커뮤니티에 뛰어들어야 하는 합리적인 이유

'중립 지대'에 들어서고 환경이 크게 변하더라도 사고 패턴이 그대로면 인생은 변하지 않는다. 하지만 많은 사람이 변화를 어려워한다. 일반적으로 자신이 가진 문제를 온전히 자기 혼자 해결하기란 힘들다고 한다.

그렇다면 어떻게 해야 인생의 새로운 선택지를 깨달을 수 있을까? 핵심은 바로 '커뮤니티'다.

예전에 나는 은둔형 외톨이에 대한 연구와 치료를 수행하는 심리학자 무라사와 와타리 씨를 인터뷰한 적이 있다. 은둔한 아이들은 자기존엄성에 상처를 입은 채 스스로를 부정하는 회로를 갇혀 벗어날 기회를 찾지 못한다고 한다. 무라사와 씨는 이런 아이들이 사회로 돌아가기 위해서는 같은 상황의 아이들과 놀거나 함께 시간을 보내는 체험을 하는 것이 중요하다고 말한다. 같은 공간을 공유하면서 "야, 코난 덕후"같이 별명이 생길 정도가 되면 자연스럽게 사회에 복귀할 수 있다는 것이다.

누군가와 함께 시간을 보내고 놀이를 통해 사람들과 교류하면서 타인에게 받아들여지는 경험을 하면 몸이 열리기 시작한다. 이 '몸이 열린다'는 것이 핵심이다. 몸이 열리면 마음도 열

리고 자기 안에 굳어져 버린 악순환을 끊는 계기를 만들 수 있다.

앞에서 언급한 현대인들의 '중독' 해결법도 비슷하지 않을까 한다. 문제를 외부에 드러내고 피드백을 받으며 문제를 가진 자기 자신이 받아들여진다는 인식을 갖지 못하면 변화의 발걸음을 내딛기는 어렵다. 약물중독 해결 접근법에는 반드시 커뮤니티가 있다. 변화는 같은 변화를 지향하는 사람들과의 상호작용 속에서 서서히, 그리고 확실하게 일어난다.

그러므로 변화의 시기가 찾아온 사람에게는 공통된 목표를 가진 사람과 만나 커뮤니케이션을 통해 서로를 바꿔갈 수 있는 자리(커뮤니티)가 필요하다. '여기에 같이 있어도 괜찮겠다'는 안도감을 주는 커뮤니티가 있으면 그를 통해 자신을 바꿀 수 있다(커뮤니티에 대해서는 제3장에서 다시 설명하려고 한다).

"인생을 바꾸려면 만나는 사람을 바꿔라."라는 말은 여기에 근거가 있다. '중립 지대' 시기에는 일부러라도 새로운 커뮤니티에 참여해보는 게 중요하다. 지금까지 익숙했던 커뮤니티가 아닌, 다른 사람들과 어울리며 새로운 경험을 해보는 것이 어떨까.

불완전한 나를 받아들이는 연습

앞서 이야기한 것처럼 '끝내기'를 거쳐 '중립 지대'에 들어가면 사람은 불안에 휩싸인다. 직함이나 소속이 없는, 아무것도 아닌 자신을 받아들인다는 것은 결코 쉬운 일이 아니다. 이때 중요한 마음가짐은 완벽하게 해야 한다는 생각에서 벗어나, 어느 정도 내려놓고 본질을 바라보는 자세다.

마음챙김은 문제를 문제로 보지 않는 불교의 가르침을 기반으로 한다. '문제가 있든 없든, 그저 느끼면서 흘려보내면 된다'는 가르침이다.

기독교 등 유일신을 믿는 종교는 인간에게는 원죄가 있으며 이를 해소하기 위해 노력해야 한다는 사고방식을 기본으로 한다. 인간에게 문제가 있다는 전제로부터 시작하는 문제 기반(Issue-driven)사고로, 근대과학의 토대가 되기도 했다.

그와 달리 불교적 사고방식은 본래 타고난 대로 사는 것이라고 할 수 있다. 문제가 있어도 그저 흘려보내며, 불완전한 자신을 수용하고 집착에서 벗어나 끊임없이 변화하는 환경에 적응해 나가는 태도다.

불교에서 명상을 할 때는 'Here and Now', 즉 '지금, 여기'에서 무엇을 느끼는지에만 초점을 맞춘다. 인간은 지성을 가지면서 미래를 생각할 수 있게 되었다. 미래에는 긍정적인 일도 있지만 당연히 불안한 일도 있다. 자꾸 미래만을 생각하기 때문에 번뇌가 생기는 것이다. 그러므로 미래로 눈을 돌리기보다는 '지금, 여기'에 초점을 맞춰서 하루하루를 보내는 감각이 '중립 지대'에서 중요한 사고방식이라 생각한다.

'지금, 여기'에 집중하기 위해서는 하루를 돌아보는 시간을 가지는 것도 좋다. 예를 들어 자기 전에 그날 감사했던 일을 서너 가지 적어보는 것이다. 사람의 의식은 초점을 어디에 두느냐에 따라 달라진다. '지금, 여기', 그리고 그날 하루 있었던 일이라는 과거에 초점을 둠으로써 보이지 않는 미래에 붙들리지 않게 된다.

'중립 지대'의 불안을 극복하는 과정에서 특별한 '의식'을 행한 사람도 많다. 《위기의 쓸모》에는 다음과 같은 개인적 또는 집단적인 의식들이 소개되어 있다.

개인적인 의식

- 머리 염색
- 다이어트
- 머리 모양 바꾸기
- 이름 바꾸기
- SNS 프로필 바꾸기
- 추억 어린 물건을 태우기
- 타투
- 채식
- 자기만의 제단 만들기

집단적인 의식

- 일상에서 벗어나 전통 의식에 참가하기(예: 아메리카 원주민의 스웨트 로지)
- 변화를 선언하는 파티 열기
- 단식원에 들어가기
- 새로운 커뮤니티에 참여하기

관련해서 내 경험을 소개하고자 한다. 나는 28세에 큰 커리어 트랜지션을 맞이하며 '내관(內観)'이라는 의식에 참여한 적이 있다. 연수 시설에 일주일간 스마트폰 등의 정보 기기 없이 머물며 자기 성찰을 하는 프로그램이다. 0~5세, 5~10세 등 구간을 나누고 각각 2~3시간씩 할애해 그 시기에 아버지, 어머니, 형제자매와의 관계에서 어떤 기억이 있는지 떠올려본다. 그리고 그중 '가족이 나에게 해준 일, 내가 가족에게 해준 일, 폐를 끼친 일'이라는 세 가지 주제로 3시간마다 이야기를 나눈다.

일주일 동안 아는 사람을 아무도 만나지 않고 과거를 돌아보는 것은 굉장한 경험이었다. 과거의 기억을 구체적으로 떠올리다 보면, 현재 내가 생각하는 '내 인생 이야기'와는 다른 관점을 얻게 된다.

나는 아버지와의 관계가 별로 좋지 않았고, 늘 그에게 발목을 잡혔다는 피해의식이 있었다. 하지만 어린 시절을 회상하면서 아버지가 해준 일들이 생각보다 많았다는 것을 깨닫게 되었다. '나는 아버지의 피해자다'라고 기억했던 인생 이야기가 새롭게 쓰여지기 시작했다.

내가 초등학교 고학년이었을 때 아버지는 40세 전후였다. 육아도 일단락되자, 아버지는 정치인이 되겠다는 꿈을 좇고 싶어 했다. 그 도전은 가족에게는 힘든 일이었지만 존중받아야 할 부분도 있었을 것이다. 내관을 하면서 그런 생각이 들었고, 이후 아버지께 키워주셔서 감사하다고 말했다. 그리고 나서 얼마 지나지 않아 아버지는 갑자기 돌아가시고 말았다. 늦었지만, 내관이라는 의식을 통해 아버지와의 응어리를 정리함으로써 나는 나를 진정으로 받아들일 수 있었고 자립할 수 있었다.

최근에 다시 인생의 변화 의식이라 할 만한 이벤트가 있었다. 아메리카 원주민 라코타족이 행하는 '스웨트 로지(Sweat Lodge)'라는 의식이다. 스웨트 로지는 그 지방의 나무, 물, 불을 써서 만드는 천연 사우나다. 물론 보통의 사우나는 아니다. 여성의 자궁을 모방해 만든 높이 1미터 이하의 좁고 캄캄한 공간에 10명 넘는 사람들이 붙어 앉아 130도 가까운 수증기를 쐬어야 하는 엄청난 과정이다. 아메리카 원주민에게 스웨트 로지는 평소의 고민이나 쓰고 있던 가면(페르소나)를 내려놓고 원래 자신의 모습을 사람들과 공유함으로써 자신이 혼자가 아니며 다른 사람과, 또한 자연과 연결되어 있다는 것을 느끼게 하는 중요한 이벤트다.

사람에게는 변화를 두려워하는 본능이 있다. 열풍을 쐬는 시련을 동료와 함께 극복하면서 '나는 이런 사람이어야만 한다'는 이성의 족쇄를 풀고 그저 '지금, 여기'에 존재함에 감사할 수 있다.

나이가 들수록 자기 몸과 마음의 한계를 넘어설 기회가 줄
어드는데, 스웨트 로지는 오랜만에 한계를 넘는 시련을 맛본
이벤트였다. 이 의식으로 인한 변화는 아직 시작 단계라서 설
명하기는 힘들지만, 큰 계기를 만들어준 것만은 분명하다. 인
생의 전환점을 맞이했다는 생각이 드는 사람은 한 번쯤 체험
해봐도 좋을 듯하다.

'새로운 시작': 과거의 나는 죽고 새로 태어나다

어떻게 하면 아무것도 아닌 상태인 '중립 지대'를 넘어서 새로운 미래를 발견할 수 있을까? 빛이 비치는 방향을 어떻게 찾을 수 있을까?

우리는 종종 무채색이던 일상이 마법처럼 갑자기 생기를 띠며 빛나는 날들로 변할 거라고 꿈꾸곤 한다. 하지만 실제로 그런 일은 잘 일어나지 않는다. 오히려 해가 매일 뜨고 지지만 그 위치가 조금씩 달라지듯, 변화는 눈에 띄지 않을 만큼 서서히 일어나는 것이라고 생각한다.

동양사상에서는 음(陰)이 극에 달하면 양(陽)이 생겨난다고 한다. '눈부시게 밝은 세계'에서는 무엇이 가치 있는지가 너무나 명확해서 상대적으로 가치가 낮은 것에는 관심 가지 않고, 우선순위가 떨어지기 마련이다. 그래서 원래라면 가슴을 뛰게 할 만한 일도 그 속에서는 시야에 들어오지 않는다.

반면, '중립 지대'에서는 나에게 가치 있는 일이 눈에 보이기 시작한다. 이 시기에는 새로운 것을 만들어낼 자원으로서의 '여백'이 나타나는데 나는 이것을 '비전의 아틀리에'라고 부른다. 그리고 이 상태를 '지하세계로 떨어지는 경험'에 비유한다. 어두운 지하에서는 약한 빛도 눈에 들어온다. 일상에서는 그냥 지나쳤을 중요한 것들이 희미하게나마 보이기 시작한다.

이 작은 빛이야말로 앞으로 인생에 꼭 필요할지도, 10년 후의 자신에게 결정적인 영향을 줄지도 모른다. 예전에 내가 경험했던 것처럼.

실제로 이 시기에 자신의 비전을 발견한 사람들 중에는 회사를 그만두거나, 좌절하거나, 멘탈이 흔들리는 등 뭔가를 끝내거나 잃어버린 경험을 한 사람이 많다. 새로운 것이 들어올 여지가 필요한 시기이기 때문이다.

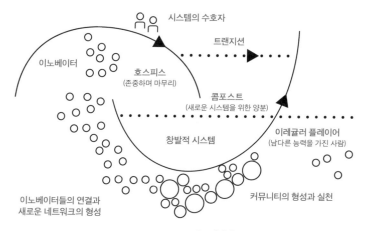

· 기존 시스템에서 새로운 시스템으로의 전환 ·

시스템의 수호자

트랜지션

이노베이터

호스피스
(존중하며 마무리)

콤포스트
(새로운 시스템을 위한 양분)

이레귤러 플레이어
(남다른 능력을 가진 사람)

창발적 시스템

이노베이터들의 연결과
새로운 네트워크의 형성

커뮤니티의 형성과 실천

밥 스틸거의 'Two Loops' 모델을 바탕으로 함.

과거의 나를 제대로 추모해야 새로운 내가 나타난다

혁신적인 연구로 유명한 버카나 연구소(Berkana Institute)의 밥
스틸거는 트랜지션 과정을 위의 그림과 같이 정리했다.

기존의 지배적인 시스템이 존재하는 동안에도 새로운 미래
의 모델은 이미 싹트고 있다. 그러나 실제로는 지배적인 시스
템을 부수고, 그 죽음을 충분히 '추모'해야 새로운 자아가 나

타난다. 트랜지션 과정 중에는 기존 시스템의 죽음과 새로운 시스템의 탄생이 동시에 진행되다가, 어느 순간 그때까지 지하에 숨어 있던 새로운 모델이 지상으로 올라와 단숨에 지배적인 모델이 된다.

새로운 모델이 나타나는 이때를 '재생기'라고 해도 좋을 것이다. 물론 이때도 변화의 씨앗은 이미 뿌려져 지하에서 뿌리를 내리고 있을 가능성이 있다. 단지 지금까지의 삶의 양식을 따르는 자기 눈으로는 그 존재를 느끼지 못할 뿐이다.

그럼 '재생기'에는 내면에서 어떤 일이 일어날까? 처음에는 '중립 지대'에서 이것저것 시도하다가 '해보면 재미있겠다'고 느껴지는 일을 만난다. 그때는 아직 비전은 희미한 빛만 내고 있을지도 모른다. 하지만 그 작은 빛들이 하나씩 모여 새로운 별자리를 이루듯 점점 윤곽이 잡히며 뚜렷한 형태를 갖춘다.

낡은 엔진에 대한 미련을 버리고 새로운 엔진을 만든다

이제부터는 내가 전략 디자이너로서 개인이나 기업을 지원할 때 기반으로 삼는 '비전 사고'를 활용해 비전 만들기에 대해 말해보려고 한다.

새로운 출발점에서는 지금까지 자신을 움직여왔던 엔진을 수정해서 사용하려 하지 말고 완전히 새로운 엔진을 만들 각오로 임할 필요가 있다.

우리는 새로운 시작을 맞을 때 외부로부터 극적인 변화가 찾아오리라고 상상한다. 그러나 반드시 그렇지는 않다. 사소한 만남, 지금까지 맡아본 적 없는 일처럼 화려하지도 눈에 띄지도 않는 시작인 경우가 많다.

반면에 지금까지 성공해왔던 모델은 잘 아는 것이다. 깊이 생각하지 않아도 성과가 나오기 때문에 그 모델에 자꾸만 기대게 된다. 그러므로 과거의 엔진은 미련 없이 버리고 완전히 새로운 엔진을 찾으려는 각오가 중요하다.

나는 어떤 사람인가.
무엇이 나를 움직이는가.

재생의 과정은 이처럼 외적인 변화보다 자기 인식의 변화에서 출발한다. 예를 하나 들어보겠다. 웹매거진 〈greenz.jp〉의 전 편집장이자 사토노바대학 부학장 가네마쓰 요시히로 씨는 'be 직함'이라는 개념을 고안했다.

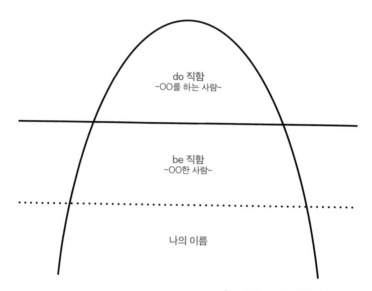

· be 직함 사고법 ·

do 직함
~OO를 하는 사람~

be 직함
~OO한 사람~

나의 이름

《be 직함(beの肩書き)》을 토대로 작성.

우리는 자신을 소개할 때 무슨 일을 하는지, 즉 디자이너, 엔지니어, 편집자와 같은 직종으로 소개한다. 이것은 'do 직함' 이다. 그러나 자신을 'do 직함'으로 인식하면 일과 자신의 내면이 충돌할 때 힘들어진다. 그 대신에 '나는 어떤 때 나다운가?'라는 물음에 초점을 맞춰서 자신에게 다는 타이틀이 'be 직함'이다.

나는 평소 나를 전략 디자이너라고 소개하는데 이것은 'do 직함'이다. 30대 내내 경력을 쌓아가면서 BIOTOPE의 경영자, 책의 저자, 다마미술대학 강사 등 'do 직함'이 늘어났다. 그러자 나는 정확히 내가 무슨 일을 하는 사람인지 아리송해졌다.

그래서 내가 가장 가슴 뛰고 살아있다는 실감이 들 때가 언제인지 돌이켜봤더니 비전을 가진 사람이나 팀의 이야기를 끌어내어 이야기로 만드는 시간이었다.

비전 만들기를 위해 자신을 돌아볼 때 보통 커리어 패스나 이력 등의 'do'에 눈이 가기 마련이다. 하지만 '무엇을 해왔는가(do)'가 아닌 '어떤 사람으로 살아왔는가(be)'에 초점을 맞추면 내면의 변화를 더 잘 마주할 수 있을 것이다.

가네마쓰 씨는 'be 직함' 워크숍을 열고 있으며, 나도 간단한 버전을 체험한 적이 있다. 그 경험을 통해 내가 나 자신을 인식하는 방식이 좀 더 명확해지는 느낌을 받았다.

새로 만드는 게 아니라 '해방'한다

내적인 변화가 진행되면 점점 가슴 설레는 일을 만나거나 그 일에 시간을 쓸 수 있게 된다. 이때가 자신의 비전을 구체화하기 좋은 타이밍이다. 그럼 비전은 구체적으로 어떻게 만드는 걸까?

우선 비전 만들기는 결코 뭔가를 새로 생각해내는 것이 아니라는 점을 이해해둘 필요가 있다. 오히려 자기의 잠재의식 속에 이미 존재하는 것을 '해방하는' 작업에 가깝다. 그러므로 비전을 제대로 끌어내려면 생각하기보다는 느껴야 한다.

여러 방법이 있는데 그중 하나는 스케치를 통해 시각적으로 포착하는 것이다. 실현하고 싶은 미래의 모습을 그림으로 그려본다. 처음에는 이미지가 뚜렷하지 않아도 괜찮다. 단계적으로 구체화시켜 나가면 된다. 이미지가 구체적으로 잡히면 그때 비로소 말로 표현한다.

중요한 것은 자신이 나아가는 방향과 그 주변 모습을 얼마나 자세히 상상할 수 있느냐이다. 그 풍경을 뚜렷이 그릴 수 있게 되어야 비전을 말로 승화시킬 수 있다. 먼저 직감이나 감각적으로 느낀 이미지를 확장하면서 형태를 잡고, 최종적으로 논리적인 말로 구현한다.

왜냐하면 비전이란 아직 아직 생겨나지 않은 마음이나 개념을 언어로 바꾸는 작업이기 때문이다. 언어만을 사용해 비전을 생각해내려 하면 이미지대로 구현되지 않는 경우가 많다. 그래서 직감에서 논리로 연결하는 것이 새로운 개념을 만드는 최고의 비결이다.

물론 말로는 쉽지만 실천하기는 어려운 작업이다. 비전 만들기는 결코 쉽지 않은 과정이다. 비전 만들기 중에 사람들은 대략 다섯 가지 벽을 만나는데, 다음과 같다.

첫 번째 벽은 애초에 생각할 시간을 확보할 수 없다는 문제다. 눈앞의 일에 쫓기며 살다 보면 눈에 보이지 않는 미래까지 생각할 여유가 없다. 그러므로 비전 만들기에는 자신의 미래를 고민할 수 있는 '여백'을 확보할 각오가 반드시 있어야 한다. 그렇지 않으면 대개는 눈앞의 일에 휩쓸리기 마련이다.

두 번째 벽은 현실적인 사고의 문제다. '멘탈 블록'이라고도 불리는데, 현존하는 제약을 너무 의식한 나머지 자유로운 발상을 할 수 없게 되는 현상이다. 나이를 핑계로 삼는 경우를 예로 들 수 있다. '열여덟 살 때라면 가능했겠지만, 마흔이 된 지금은 뭘 해도 이미 늦었지' 같은 생각에 빠지면 생생한 비전을 그리기 어렵다.

세 번째 벽은 비전을 구체화하지 못하는 것이다. 머릿속의 추상적인 구상을 그림으로 표현하거나 이야기로 설명하는 힘이 부족해서다.

네 번째 벽은 독창성의 문제다. 비전을 표현할 수는 있지만, 다른 사람들의 비전과 비슷해져서 평범하고 진부해져버리는 경우다.

마지막은 사람들에게 명확하게 전달하지 못하는 문제다. 매력적이고 차별화된 비전이라도 결국은 다른 사람들이 이해하고 공감할 수 있어야 한다. 그러나 비전을 제대로 전달할 수 있는 표현을 찾거나, 언어로 설명하는 것은 생각보다 어렵다.

대부분은 앞서 말한 첫 번째부터 세 번째 벽에 부딪혀 멈춘다. 하지만 올바른 과정을 밟아간다면 거의 다 해결할 수 있는 문제들이다. 오히려 진짜 난관은 네 번째와 다섯 번째. 독창성이나 비전의 표현 단계에서는 흔히 말하는 '창작의 고통'이 기다리고 있기 때문이다.

그렇지만 벽에 부딪히더라도 시행착오를 거듭하거나 다른 사람의 의견을 구하면서 극복해나가면 최종적으로 설득력 있는 비전을 표현할 수 있게 된다. 그 단계에 도달하면 성취감을 느낄 수 있고, 자신감도 붙을 것이다.

머리로만 생각하지 말고 반드시 손을 움직인다

'재생기'는 생활 속에서도 새로운 것과 오래된 것이 혼재하는 시기다. 그 속에서 새로 태어날 자신에게 필요한 것과 그렇지 않은 것을 구분해야 한다. 그러나 계속되는 일상을 살아나가면서 새로운 자신을 상상하기란 쉽지 않다.

그럴 때는 새하얀 캔버스에 미래를 표현한다고 생각해보자. 예술가도 새로운 이미지를 캔버스에 그려내면서 구체화시킨다. 비전은 스케치북 한구석의 메모에서 시작되는 경우도 많다.

해외의 사례로는 미국 에어비앤비 공동창업자 조 게비아가 창업 초기에 그렸다는 '비전 스케치'가 있다. 에어비앤비의 사업 영역은 숙박 매칭 서비스지만, 단순한 매칭 사업에 그치지 않는다. 에어비앤비는 커뮤니티를 중요하게 여기는 사람 친화적인 기업문화를 가지고 있다. 서비스 이용자가 어떤 경험을 하는지, 혹은 누구와 연결되는지를 중요한 가치로 여긴다.

이런 요소는 '비전 스케치'에 자주 나타난다. 세계를 여행하면서도 집과 같은 환경에서 숙박하는 모습, 현지에서 만나는 사람들의 미소, 식탁을 같이 둘러싸고 앉은 사람들 등이 스케치에 담겨 있다. 여러 사람과의 만남을 소중히 여기는 가치관이 엿보인다.

또 하나의 예는 BIOTOPE가 지원한 ALE이라는 스타트업이다. 이 회사는 "과학과 사회를 잇고, 우주를 문화권으로 삼는다."는 미션을 내걸고 인공 유성(주로 인공적으로 작은 입자를 우주에서 대기권으로 떨어뜨려, 자연 유성과 유사한 빛나는 현상을 발생시키는

· ALE의 비전 스케치 ·

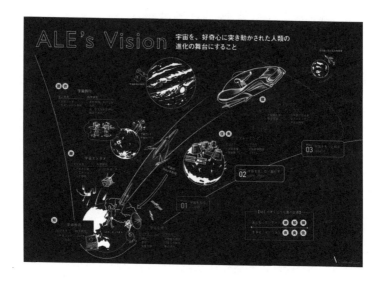

기술-옮긴이 주)을 만들고자 위성을 발사했다.

위의 그림은 ALE의 창업자와 사원이 함께 비전을 한 장으로 그려낸 스케치다.

스케치에는 실현하고자 하는 목표가 시간 순서대로 생생하게 그려져 있다. 2020년대에는 먼저 인공 유성을 통해 우주라는 공간 자체에 관심을 유도하고, 이후에는 달 여행으로 관심을 확대한다. 그리고 달로 이주할 수 있게 되면 우주라는 새로운 무대에서 농업, 예술 등 지속가능한 새로운 인류 문명 혹은 문화를 만들어가는 것을 목표로 삼는다.

또한 우주에서 성장시킨 새로운 모델을 지구에 역수입하는 부분까지 생각해두고 있다. 2050년 이후까지 이어지는 거대한 비전인데, 개인이 이렇게 큰 스케일의 구상을 해냈다는 사실이 흥미롭다.

비전에 좋고 나쁨이 있을까? 세계관이나 중요하게 여기는 가치관이 잘 전달된다면 모두 좋은 비전이다. 다른 이들이 이해하기 쉽고, 만든 사람이 무엇을 중요하게 여기는지가 느껴지면 더 좋다. 비전의 궁극적인 역할은 세상을 크게 바꾸는 것이다. 그러므로 비전을 들은 사람이 그 비전을 따르고 싶어질 만한 공감력이나 파급력이 있는가가 중요하다. 물론 구상을 얼마나 구체적으로 표현해서 듣는 사람들을 납득시킬 수 있는지도 중요한 과제다.

비전 만들기는 혼자 해내야 하는 것도 아니다. 오히려 두 명이 함께하는 것이 이상적이다. 서로를 깊이 이해하고 서로의 생각을 들으며 의미를 부여해줄 상대가 있다면 좋다. 서로 구상한 것을 이야기하고 그림을 보여주며 피드백을 나누면서 자신의 생각이 상대에게 어떻게 전달되는지 되풀이해서 확인해

본다. 비전 파트너라고 할 만한 관계를 만드는 것이다. 그런 상대가 없다면 가까운 가족과 함께 해보는 것도 좋은 방법이다.

'좋아하는 일'을 하며 살고 싶을 때 거쳐야 할 세 단계

이정표로 삼을 비전이 보이면 다음 스테이지를 찾는 단계로 넘어간다.

커리어 트랜지션을 실행할 때는 공상과 현실의 균형을 어떻게 잡는가가 중요하다. 현실적으로 할 수 있는 일만 하면 점점 목표가 쪼그라든다. 반면, 공상만을 좇아 하고 싶은 일만 하면 안정된 수입을 얻을 수 없다. 이행 시기에 중요한 것은 '쓸모 있는 사람으로 살기'와 '좋아하는 것을 하며 살기' 사이의 균형을 잡는 것이다.

다음 그림을 본 적이 있을까? 보통 '이키가이(Ikigai)' 프레임워크로 알려져 있다. 'LOVE'는 좋아하고 진심으로 하고 싶은 일, 'GOOD AT'은 무리하게 노력하지 않아도 잘하는 일, 'NEEDS'는 사회가 필요로 하는 일, 'PAID FOR'는 자신의 능력으로 공헌할 수 있는 일이다.

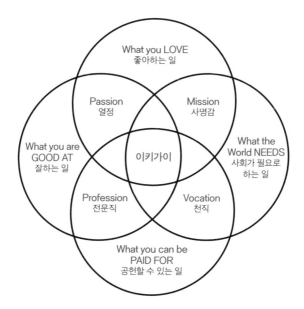

커리어를 세워나가는 초반에는 강점인 'GOOD AT'을 알아내어 세상의 'NEEDS'와 매칭한다. 이를 통해 경험이나 인맥 등 자원을 축적한다. 생계를 어느 정도 꾸리는 것도 필수적이기 때문이다.

그리고 비전을 중심에 둔 커리어를 만들 때는 'LOVE'를 기반으로 시작한다. 나만의 '북극성'을 상상하며 흥미를 끄는 키워드를 설정한다. 좋아하고 흥미 있는 일을 지속하면 언젠가 그것이 'GOOD AT'이 되고, 잘하는 일을 계속 하며 홍보한다면 나를 필요로 하는 사람들이 나타난다.

나는 비전을 향해 가는 과정을 종종 '서핑'에 비유한다. 파도가 센 곳은 알아보기 쉬워서 사람들이 몰린다. 하지만 아무도 없는 해안에서 내 페이스대로 서핑을 하다 보면 언젠가 큰 파도가 오고, 그때 혼자서 속도감 있게 파도를 탈 수 있다. 틈새시장에서 나만의 가치를 만들고 있으면 결국에는 시대의 흐름을 탈 수 있게 된다는 의미다. 인터넷 세상은 항상 움직이고 있으며, 기존 분야의 틈에서 새로운 가치가 생겨나기 때문에 이 또한 합리적인 선택이다.

비전 있는 커리어 모델을 실천하는 전략에는 두 가지가 있다.

1. **인생의 과업이라 생각하고 실천하면서 시대가 따라오길 기다린다.**
2. **앞으로 다가올 법한 주제를 미리 준비해 스스로 커뮤니티를 개발하고 흐름을 만들어낸다.**

어느 쪽이든 'LOVE'가 'GOOD AT'이 되고, 'NEEDS'나 'PAID FOR'와 만날 때까지는 시간이 걸린다. 그 기간을 어떻게 보내야 좋을까?

돈을 벌 수 있는 '잘하는 일'과 장래 독자적인 가치를 창출할 수 있는 '좋아하는 일'로 나누어 개발해나가는 것이 한 가지 방법이다. '좋아하는 일'을 직업으로 삼으면 근사할 것 같지만, 그것이 좋은 방법인지 아닌지는 잘라 말할 수 없다. 그래서 다음과 같이 두 가지를 생각해볼 수 있다.

- 방법 1: 정말 좋아하는 일은 취미로 남겨놓고 두 번째로 좋아하는 일을 직업으로 삼는다. 직업이 되면 순수하게 좋아하는 부분만 추구할 수 없게 될 가능성이 있기 때문이다. 돈을 벌겠다는 생각은 버리고 보람을 추구한다.
- 방법 2: 정말 좋아하는 일을 한다. 좋아하는 마음이 원동력으로 작용해 잘하게 되고 직업으로 발전한다. 좋아하는 일은 계속 할 수 있고, 탐구심을 바탕으로 더 흥미로운 결과를 만들 수 있다.

커리어 이론에는 '커리어 트랜지션'이라는 개념이 있다. 커리어의 대대적인 변화는 갑자기 오는 것이 아니라, 새로운 커리어를 조금씩 생활의 일부로 받아들이고 그 비율을 점차 늘려 가면서 자연스럽게 진행된다고 한다.

업무 개혁과 함께 회사 일 외의 여유 시간에 '좋아하는 일'을 추구하기가 점점 쉬워지고 있다. '좋아하는 일'은 부업, 회사 내 프로젝트, 업무 내 연구개발(R&D) 등 어떤 형태든 상관없다. 다음의 그래프처럼 업무 생산성을 높이는 동시에 좋아하는 일을 추구할 '여백'을 만들자. 그리고 적절한 타이밍에 좋아하는 일의 비율을 늘린다.

그렇다면 커리어에서 좋아하는 일과 도움이 되는 일에 시간을 어떻게 배분해야 할까? 구체적인 전략을 살펴보자.

1단계: 비전 탐색

비전 탐색 단계에서는 바쁘더라도 20퍼센트의 '여백'을 확보한다. 이 기간에 공상한 바를 실행해보거나 다양한 장소를 방문하고 경험하면서 자신이 어떤 것을 좋아하는지 확인한다(앞서 소개한 '중립 지대'의 활동과 비슷하다). 공상을 구체화하는 활동에는 일하지 않는 시간을 투자할 필요가 있다. 따라서 평소 일하는 시간을 압축해야 한다.

그냥 두면 넘쳐나기 쉬운 일상 업무에 시간제한을 걸어, 거꾸로 그 시간 안에 결과를 내려면 어떻게 해야 하는지를 생각하면 창의적인 모드로 바뀔 수 있다. 프로토타이핑을 활용해 결과물을 구체화하면서 진행하는 방식도 추천한다.

2단계: 준비

좋아하는 것을 찾았다면 다음에는 억지로 힘을 쏟기보다는 그것이 일상이 되도록 환경을 정비하는 데 집중하자. 120퍼센트의 힘을 쏟으면 반년 이상은 지속하기 어렵다. 반년의 투자 기간이 끝나면 여가를 포함해 100퍼센트의 시간 속에서 가능할 방법을 찾아야 한다. 가끔은 본업을 하는 시간을 압축하거나, 비전에 맞지 않는 일을 용기 있게 거절하는 것도 중요하다.

그 과정에서 생긴 20퍼센트의 '여백' 시간을 활용해 동료를 찾고 창조나 전시를 할 수 있는 자리를 만들면 효과적이다. 스터디그룹이나 모임, 부업을 활용해 자신이 좋아하는 일이나 하고 있는 일을 외부에 알리고 피드백을 받는 것을 목표로 한다. 피드백을 받다 보면 점차 내가 좋아하는 일이 누구에게 도움이 되는지 판단할 수 있다.

3단계: 비전 실행

희미하게 보이는 나만의 북극성을 천천히 따라가다 보면 그것이 시대의 흐름과 맞아떨어지거나 활동에 관심을 보이는 사람

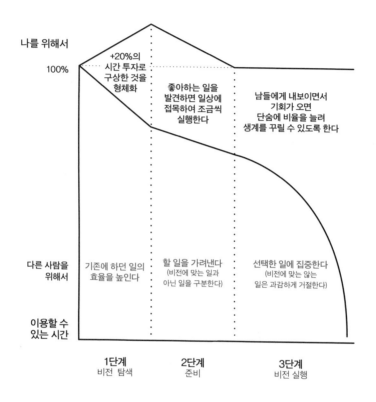

· 좋아하는 일과 쓸모 있는 일: 시간의 포트폴리오 이행 전략 ·

나를 위해서

100%

+20%의
시간 투자로
구상한 것을
형체화

좋아하는 일을
발견하면 일상에
접목하여 조금씩
실행한다

남들에게 내보이면서
기회가 오면
단숨에 비율을 늘려
생계를 꾸릴 수 있도록 한다

**다른 사람을
위해서**

기존에 하던 일의
효율을 높인다

할 일을 가려낸다
(비전에 맞는 일과
아닌 일을 구분한다)

선택한 일에 집중한다
(비전에 맞는 않는
일은 과감하게 거절한다)

**이용할 수
있는 시간**

1단계
비전 탐색

2단계
준비

3단계
비전 실행

들과 만나게 될 때가 온다. 그때가 기회다. 스터디그룹이나 SNS 혹은 소규모 온라인 그룹을 만들어 정기적으로 피드백을 받도록 하자. 꾸준히 하다 보면 당신의 활동을 상품이나 책,

크라우드펀딩 등의 형태로 세상에 알리고 싶다는 지원자가 나타날 것이다.

세상에 내보낼 기회를 잡았다면 본업을 과감히 그만두고 새로운 커리어로 완전히 전환하는 것이 좋다. 특히 이 시점에는 '그만둘 결심'이 무엇보다 중요하다. 확고한 각오를 다지고 자기만의 길을 걷기 시작하면 놀랍게도 주변에서 도와주려는 사람들이 하나둘 나타난다. 비록 그 수가 많지 않아도 괜찮다. 인정해주는 사람들이 있다면 그들의 목소리를 믿고 계속해서 세상에 나를 알려나가자. 그 과정 속에서 우리는 점차 자신만의 색깔을 만들어갈 수 있다.

트랜지션 과정은 마치 유충이 번데기가 되어 새로운 탄생을 준비하는 것에 비유할 수 있다. 겉으로는 잠잠해 보이지만, 내면에서는 큰 변화가 일어나고 있다. 그 기간은 사람마다 다르겠지만, 막막하기만 한 번데기의 시간도 언젠가 반드시 끝이 찾아온다.

코로나 팬데믹은 외부로부터의 변화를 가져왔다. 이 변화는 원래대로라면 좀 더 나중에 찾아왔을 내적 변화, 즉 트랜지션을 강제적으로 일으키는 작용을 했다고 생각한다.

트랜지션 이론은 이미 변화가 일어난 사람, 아직 과정 중에

있는 사람, 혹은 가까운 미래에 트랜지션을 겪을 사람에게도
그 과정을 통과하는 데 있어 큰 도움이 될 것이다.

제3장

신세계: 삶을 재구성하다

남의 눈 신경 쓰지 말고,
네 생각대로 살면 돼.

스너프킨, 《무민》 중에서

행동을 바꾸지 않으면 아무것도 변하지 않는다

사람들은 팬데믹이 불러온 성찰의 시간을 거쳐 각자 자기에게 가장 잘 맞는 답을 찾기 시작했다. 앞서도 말했지만, 타인의 가치관이나 타인과의 비교를 통해 인생을 결정하는 '밖에서 안으로' 방식에서 내면의 가치관을 가장 우선하는 '안에서 밖으로' 방식으로 전환한 것이다. 그러면서 생산성에 얽매이는 타인의 시간을 사는 삶 대신 '자신의 시간을 사는 삶'으로 트랜지션 하려 마음먹은 사람들이 하나둘 나오고 있다.

40년 도쿄 토박이가 산골 마을로 떠난 이유

최근 내 주변에도, 특히 창작자를 중심으로 지방으로 이사하
거나 두 지역살이를 시작한 사람이 늘어났다. 어느 날 보니 수
도권에 살고 있던 친구들이 전국으로 흩어진 상태였다.

나 역시 성찰의 시기를 거쳐 라이프스타일을 크게 바꾸기로
했다. 태어나서 40년 가까이 살았던 도쿄를 떠나 나가노현 가
루이자와로 가족과 함께 이사한 것이다.

기업인이자 경제학자 오마에 겐이치는 이런 말을 했다.

"인간이 바뀌는 방법은 세 가지뿐이다. 첫 번째 방법은 시간
을 다르게 분배하는 것, 두 번째는 사는 장소를 바꾸는 것, 세
번째는 사귀는 사람을 바꾸는 것이다. 이 세 가지로만 인간은
변할 수 있다. 가장 무의미한 행위는 '결의를 다지는 것'이다.
결의를 해서 뭔가 바뀐 적이 있는가. 행동을 구체적으로 바꾸
지 않는 한 결의만으로는 아무것도 변하지 않는다."

팬데믹 상황이 오면서 나는 지금까지처럼 도쿄에서 계속 살
수는 없겠다고 생각했다. 그리고 자신의 시간을 사는 법을 모
색하던 차에 누군가 인도라도 한 듯 가루이자와에는 드문 신

축 임대주택을 운명처럼 만났다. 덕분에 가족 모두 함께 아사마산 산골 마을에서 살게 되었다.

이번 장에서는 도쿄의 시간 축에서 벗어나 자연 가까이에서 새로운 생활을 하며 달라진 점과 깨달은 점들을 공유하고자 한다.

개인적인 이야기를 하려는 이유가 있다. 팬데믹 이후 3년간, 사람들의 가치관은 이전보다 훨씬 다양해졌다. 반면에 다른 사람이 어떻게 사는지는 들여다볼 수 없었다. 하지만 각자의 생활 방식에 어떤 식으로든 영향을 주고받고 있을 것이다. 그 내용은 총체적인 통계보다 개개인의 삶에 초점을 맞춰야 선명해지리라 생각했다. 그래서 도쿄를 떠난 사람들에게 '트랜지션 라디오' 팟캐스트를 통해 인터뷰를 청했다.

여기에서 언급하는 내용은 기본적으로 나 한 사람이 느낀 바에 따른다. 그러나 인터뷰 내용의 영향도 짙게 스며들어 있을 것이다. 주제는 일에만 국한되지 않고 일·주거·식생활·커뮤니티·교육 등 광범위하다. 도쿄에서 일하던 직장인은 지방으로 이주해서 어떤 변화를 마주했을까?

일하는 방식의 포트폴리오를 다시 쓰다

트랜지션을 통해 확실하게 바뀐 것은 일하는 방식이다. 출근 없이 완전 재택근무를 하게 되자 업무 방식은 상당히 자유로워졌다. 국토교통성의 통계에 따르면 일시적으로라도 재택근무를 경험한 사람이 전체 취업자 중에서 40퍼센트에 달하며, 2020년 조사에서는 22퍼센트가 원격근무를 했다고 한다.[2] 인구감소로 일손이 부족한 상황에서 많은 사람들이 원하는 장소, 원하는 시간에 일하는 자유를 경험했다.

팬데믹이 끝나고 일부 은행이나 회사들은 전처럼 사무실 출근으로 돌아갔다. 하지만 상당수 회사가 주 5일 출근을 고수하지는 않는다고 한다. 우리는 이미 한 번 업무 방식에 대해 다시 생각하게 되었고, 이후로도 자신에게 잘 맞는 방식을 찾아 그에 맞는 직장을 선택하게 될 것이다.

출근 빈도가 줄고 원격근무가 가능해지면서 일어난 변화는 업무 방식에만 한정되지 않는다. 일하는 장소가 자유로워진다는 것은 사는 장소도 자유로워진다는 뜻이다. 그 결과 자연에 더 가까운 환경을 찾아 지방으로 이주하는 사람이 늘었다. 지금까지는 거주지를 선택할 때 회사까지의 거리가 제약으로 작용했지만, 이제는 주거환경을 우선적으로 고려할 수 있게 된 것이다.

재택근무로 시간 사용도 훨씬 자유로워졌다. 결과만 내놓으면 되는 직종의 경우 일하는 사이사이 부업을 하거나, 일은 저녁이나 밤에 하고 낮에는 골프를 치는 극단적인 라이프스타일도 등장했다고 한다. 원격근무로 노동시간이 줄어들었다는 사람은 전체의 35퍼센트 정도로 추정되며, 의사소통의 간소화도 더해져 노동시간은 하루 평균 80분 줄었다고 한다. 통근시간이 없어진 것까지 감안한다면 더 많은 자기 시간이 생겨나고 있다고 할 수 있다. 근무 장소와 업무에 완전히 매여 있던 일하는 시간이 우리도 모르는 사이 조금씩 자기 시간으로 전환

되기 시작한 것이다.

한편, 일에서 자기 시간을 얻어가고 있는 우리는 그 자유가 주는 어려움도 점차 느끼기 시작했다. 우리의 일하는 방식은 앞으로 어떻게 변할까? 구체적으로 살펴보자.

원격근무는 왜 마음을 힘들게 할까?

원격근무로 인해 자기 시간이 생기기 시작했다고 했으나, 반대로 원격근무 때문에 힘들다는 사람도 있다. 일할 장소를 마음대로 선택할 수 있게 됐는데 왜 이런 일이 일어난 걸까? 내 사례를 통해 살펴보겠다.

팬데믹 이후 나는 자연스럽게 원격근무를 기본으로 하는 것으로 바꼈다. 사회는 다시 사무실 출근으로 돌아가는 분위기지만, 가루이자와로 이주한 이상 사무실 출근으로 완전히 되돌릴 생각은 없다.

현재 내 일은 크게 세 가지로 나뉜다. 전략 디자인 회사 BIOTOPE의 경영, 디자인 컨설팅 프로젝트, 책 집필 활동이 주요 업무로, 회사 일과 집필의 비중은 7 대 3 정도다.

디자인 회사의 업무라 하면 포스트잇을 덕지덕지 붙인 보드나 직접 시제품을 만드는 모습을 떠올리겠지만, 팬데믹 이후로는 작업 대부분이 온라인으로 진행되고 있다. 3개월짜리 프로젝트라면 중요한 작업은 실제로 모여서 하는 경우도 있지만, 협업툴 미로(Miro, 온라인 화이트보드)를 활용해 일하는 경우가 늘었고, 새로운 의뢰도 대부분 줌이나 마이크로소프트 팀즈 등 온라인 툴을 통해 받는다.

같은 업계인 디자인 컨설팅 회사 IDEO Tokyo는 주 1일만 출근하고, 나머지 4일은 재택근무를 시행했다. 디자인 회사 문화의 상징과도 같았던 스튜디오도 가동률이 줄어들었다고 한다. 팀원들이 한자리에 모여 아이디어를 생각하고 공유하는 광경은 이미 과거의 유물이 되어버린 듯하다.

BIOTOPE의 사무실은 도쿄 이케지리오하시(池尻大橋)에 있다. 출근은 완전 자율제인 날이 더 많은데다(2023년 4월 현재, 주 2일 출근이 기본이지만 실제로는 더 적게 출근할 수도 있다), 온라인으로도 업무를 진행할 수 있다는 판단이 서서 가루이자와로 이사한다는 결정을 내릴 수 있었던 것이다.

그 결과 어떤 일이 일어났을까? 처음에는 장소에 구애받지 않고 업무가 가능하다는 점을 긍정적으로 보고 온라인화를 더 진행시키려 했다. 그런데 온라인의 '효율적인 업무 방식'에 개인적으로 벽에 부딪혔다.

줌으로 회의를 하는 생활을 반년간 지속하자 몸이 견디지 못했다. 경영과 실제 프로젝트를 병행하자면 사람과 빈번히 소통해야 한다. 사무실에서는 지나가는 대화로도 끝났을 일을 온라인에서 비슷한 페이스로 유지하려고 하자 하루에 온라인 회의를 5~6건은 넣어야 했다.

1년 정도 지났을 때였을까. 어느 날 눈에 갑작스런 피로를 느껴 화면을 보고 있을 수 없었다. 스마트폰의 줌 앱을 켜놓고 산책하면서 오디오만 연결한 채 참여하기도 했지만 한계가 있었기 때문에 온라인 회의 빈도를 줄이고 대신에 직접 도쿄에 가는 횟수를 늘렸다.

더 심각한 점은 온라인으로 일하면 시간을 효율적으로 쓸 수 있다고 생각했는데, 전보다 일하는 동안 '설렘'을 덜 느끼게 되었다는 것이다. 온라인상의 커뮤니케이션은 솔직히 말하자면 따분하다. 컴퓨터 앞에서 대화하다가 하루가 끝나면 '오늘은 뭘 위해 살았지?'라는 생각이 들 때가 있었다. 온라인에서는 오감으로 느낄 만한 것이 적기 때문일 것이다. 시각과 청각만 사용하고 그 외의 감각은 거의 쓸 일이 없으니까.

그에 비해 직접 사람과 만나 대화할 때는 상대에게서 얻을 수 있는 정보가 아주 많다. **우리는 오감을 전부 활용해 상대방과 그 자리의 분위기를 감지한다. 상대방과 마음이 통한다**

고 느끼는 것도 서로 오감을 통해 다양한 정보를 주고받기 때문에 가능하다.

교토대학 총장을 지낸 인류학자 야마기와 쥬이치 교수는 이처럼 신체적 동기화로 얻을 수 있는 정보는 상대가 믿을 만한 사람인지를 결정하는 중요한 기준이 된다고 한다. 그렇다면 시각과 청각에만 의지해야 하는 원격근무로는 상대를 신뢰할 수 있는지 판단하기 어렵다. 계속 불안한 상태로 일을 하는 것이다.

또한 우리는 후각, 미각, 촉각 등의 신체감각을 통해 그날그날 일어난 일을 기억과 연결한다. 예컨대 누군가와 함께 식사하는 것은 음식의 맛을 느끼는 미각이나 그 장소의 분위기를 느끼는 촉각으로 인해 기억에 강하게 새겨진다. 온라인에서 긴 시간 회의를 해도 무슨 얘길 했는지, 상대가 어떤 사람이었는지 기억이 흐릿한 이유는 신체감각을 덜 쓰기 때문이다.

내가 워크숍을 주최하는 이유는 참가자의 아이디어가 서로 얽혀서 하나의 이야기를 만들어가는 생동감을 피부로 느끼는 것이 좋았기 때문이었다. 원격근무를 하면 생산성은 크게 오른다. 그러나 일을 할 때 중요한 것은 생산성만이 아니다. 사람은 본래 일을 즐겁게 하고 싶어 하는 존재이기 때문이다.

'놀 수 있는 자리'를 따로 마련한다

'일할 맛이 없으면, 인생의 재미도 없다.'

그렇게 깨달은 후로는 재택으로 할 수 있는 일이라도 중요하다고 생각되면 상대에게 직접 만나 이야기하자고 부탁해서 일부러 출장을 가곤 했다.

회사 직원들의 관계성을 생각해도 직접 만나는 빈도의 조절은 중요한 과제다. 원격근무를 주로 하는 팀에서는 일부러 함께하는 시간을 마련하지 않는 한, 다른 사람의 생각을 알 수 없어 커뮤니케이션에 지장이 올 수 있다. 혼자서도 잘할 수 있는 팀원들뿐이라면 온라인만으로 소통해도 문제없겠지만, 업무 스킬이 부족하거나 배워야 할 것이 많은 팀원은 자신감을 잃었을 때 혼자 고민하면서 악순환에 빠질 수도 있다. 그러므로 원격근무를 기본으로 하는 직장에서도 정기적으로 얼굴을 마주하는 자리를 만드는 것이 중요하다.

원격근무를 기본으로 삼은 조직들이라면 모두 오프라인과 온라인의 균형을 모색하고 있을 것이다. 방법은 여러 가지겠지만, 일부러 '같이 노는 자리'를 만드는 방법도 괜찮다.

나의 경우 팀원들을 가루이자와로 초대해 1박 혹은 2박으로 합숙을 하거나 일부러 출장지에서 팀원과 약속을 잡아 같이 술을 마시러 가기도 한다. 이렇게 팀원과 얼굴을 보고 소통하면 신기하게도 관계가 안정된다는 기분이 든다. 편하게 노는 자리에서 깊은 대화를 통해 신뢰 관계를 구축한 뒤 다시 원격 근무로 돌아간다.

사무실을 없앤 회사에 다니는 친구에게 듣기로, 정기적으로 직접 만나는 파티 같은 모임을 만드는 것이 중요해졌다고 한다.

나는 일주일의 절반은 직접 사람과 만나 자극을 받고, 나머지 절반은 내면을 들여다보는 시간으로 쓴다. 장소에 구애받지 않는 업무 형태가 당연해진 지금일수록 자기에게 어떤 환경이 가장 적절한지 꼭 생각할 필요가 있다.

가루이자와로 이사한 지 2년이 지난 나의 업무 방식은 이렇다. 주 2일 정도 도쿄의 사무실이나 출장지로 가서 워크숍이나 경영팀과의 회의를 진행하고 밤에는 평소에 보지 못하는 사람과 회식을 한다. 나머지 주 5일은 가루이자와에서 보낸다. 가루이자와에 있을 때는 온라인 회의와 집필의 비율을 반반 정도로 한다. 전과 비교하면 일하는 시간은 20퍼센트 정도 줄었는데, 그 정도가 가장 균형 있다고 느꼈다.

추측건대 사교적인 일을 하던 사람은 다른 사람들과 만나는 빈도가 줄어들어 일이 재미없어졌다고 느끼는 경우가 많지만, 코드를 작성하거나, 디자인을 하거나, 글을 쓰는 등 내향적인 일을 하는 사람은 오히려 일하기 편해졌다고 느낄 듯하다. 소소한 대화가 줄어들었다는 단점은 있지만, 디스코드(Discord)나 게더(Gather) 같은 온라인 채팅 도구를 이용해 보완할 수 있다. 실제로 그런 도구를 도입해보면 오프라인에서는 과묵하던 사람이 의외로 말을 잘해서 재미있는 경우도 많다.

> Q. 당신은 코로나 팬데믹 이전과 비교해
> 업무 방식이 어떻게 바뀌었습니까?
> 일을 더 잘하기 위해서 중요한 습관은 무엇일까요?

경치가 좋은 곳에선 일이 더 잘 될까?

가루이자와에서 일하는 장소는 경치가 좋다. 스튜디오 겸 서재에서는 숲이 보이고, 창가에 해바라기씨를 두면 박새나 멧새 같은 새들이 날아와서 쪼아먹는 모습도 볼 수 있다. 가까운 카페 역시 경관이 아주 좋고, 거리에는 대형 서점도 있다. 계속 컴퓨터를 들여다보다가도 종종 자연 풍경을 바라보면서 눈의 피로를 풀 수 있고 날씨가 좋은 날에는 기분도 좋아진다.

가히 최고의 업무 환경이다.

그런데, 사람들이 부러워할 만한 경치 좋은 일터에서는 어떤 일이든 더 잘 될까? 경치 좋은 환경은 눈이 덜 피로해 조용히 구상을 하거나 작업에 집중하기에는 좋다. 하지만 프로젝트에 대해 생각하거나 온라인 회의에 참여할 때는 집 밖으로 나오는 경우가 많다. 귀로는 온라인 회의에서 오가는 이야기를 들으면서도, 바깥 경치를 구경하며 생각에 잠기는 시간이 행복하다(온라인 회의 없이 멍하니 있으면 더 행복하겠지만). 실제로 멜버른 대학의 케이트 리 박사의 연구에 따르면 일 중간중간에 자연 풍경 사진을 1분 정도만 봐도 작업 효율이 높아지고 실수가 줄어든다고 한다.

하지만 실제로 일의 진척을 좌우하는 요소는 일터의 경치보다는 업무에 몰입했다가 적절히 휴식할 수 있는 환경에 있다.

나는 업무 시간을 세 종류로 나눠 각각 다른 모드로 일한다. 다른 사람과 대화하거나 이메일, 슬랙에 답변하는 '대면 모드', 자료를 조사하고 작성하는 '작업 모드' 그리고 글을 쓰는 '집필 모드'다. 하루에 한 가지 일만 하는 경우는 거의 없기 때문에 세 가지 모드를 얼마나 확실히 맺고 끊으며 오갈 수 있는지가 중요하다. 그래서 서재, 공유 사무실, 카페의 세 공간을 오가며 일한다.

만약 오전 중에 집에서 온라인 회의를 했다면 오후에는 카페에 가서 글을 쓴다. 다른 날에는 아이를 학교에 보내고 나서 공유 사무실에서 메일 답변을 보내고, 오후에는 집에서 작업을 하는 식이다.

업무 특성상 여러 프로젝트를 동시에 진행하다 보니, 작업 공간을 여러 곳에 두고 그때그때 오가는 것이 나의 업무 효율에 큰 영향을 미친다는 것을 깨달았다. 도시로 치자면, 여러 카페를 돌아다니며 일하는 노마드 워크(Nomad work) 방식이 합리적이라는 생각이 든다.

나와 비슷한 업무 스타일을 가진 사람이 지방으로 이주한다면 집에 서재를 마련할 수 있다 하더라도 대안적인 작업 공간이나 일하기 좋은 카페가 있는지 여부가 그 지역에서의 성과에 직접적인 영향을 줄 수 있을 것이다.

온라인 회의에 참여하는 상대방이 '워케이션'이라며 경치 좋은 곳에서 일하는 모습을 보면 부럽기도 하겠지만, 그런 장소는 색다른 발상 또는 미래 비전 구상 등을 할 때나 적합하다. 아무리 경치가 좋은 곳도 일상의 범주에 들어오면 인간은 거기에 익숙해지고 무뎌져버린다. 익숙함 속에서도 확실히 업무 모드의 스위치를 올리고 내릴 장소를 찾는 것이 중요하다. 지식노동자가 지방에서 살 곳을 선택할 때는 살기 좋은 곳인지와 전환하며 일할 장소들이 있는지도 함께 고려하면 좋을 것이다.

적극적인 '공유'로 일거리를 만든다

여러 분야에서 디지털 전환(Digital Transformation)이 일어나 일거리가 생기는 방식이 크게 달라졌다. 예전에는 책을 출판하면 그 후에 강연이나 일감 의뢰가 지속적으로 들어왔다. 그러나 이제는 세상에 내보낸 정보가 '낡아버리는' 속도가 훨씬 빨라졌다고 느낀다. 책으로 정리하기보다는 매 순간 관심사를 공유하고 거기에 공감하는 사람들과 연결되고, 그 즉시 일거리가 생기는 방식이 우세해졌다. 주도적으로 일을 만들고 싶다면 생각하는 바나 하고 싶은 일을 적극적으로 공유하는 것이 중요해진 것이다.

물론 이전에도 정보나 아이디어를 외부로 알리는 것은 일거리를 얻는 데 중요했다. 그런데 왜 그런 행위가 다음 단계로 이어지는 일이 전보다 더 많아졌을까?

미국의 사회학자 마크 그라노베터는 사람을 사귀는 데는 크게 '강한 연결(Strong tie)'과 '약한 연결(Weak tie)'의 두 종류가 있다고 했다. '강한 연결'이란 가족이나 직장 동료처럼 매일 얼굴을 보는 인간관계를, '약한 연결'은 그 바깥쪽의 가끔만 만나는 인간관계를 말한다.

사회학적 관점에서는 새로운 발상이 태어나려면 '약한 연결'이 중요하다고 한다. 신선한 아이디어나 새로운 기회는 우연히 찾아오는 경우가 있는데, 이러한 '세런디피티'는 '약한 연결'로부터 시작될 가능성이 높다.

지금까지 '약한 연결'을 만드는 역할은 SNS가 담당해왔다. 2008년부터 2010년까지는 트위터가, 2012년부터 2015년까지는 페이스북이 새로운 세상을 넓혀주는 매체로 존재감을 과시했다.

하지만 코로나 팬데믹 이후 2년 동안, '약한 연결'은 거리두기라는 행동 패턴과 함께 사라졌다. 타인과의 교류가 제한되면서 느슨한 인간관계가 이어질 기회는 급격히 줄어들었다. 팬데믹 초기에는 온라인 동창회가 개최되는 등 오래된 인간관계가 부활하는 조짐도 있었지만, 일시적인 유행에 그쳤다.

문득 생각해보니 내가 하는 커뮤니케이션의 90퍼센트 이상이 가족과 직장 동료로 채워져 있었다. 주로 집에 있거나, 가끔 직장만 오가는 생활 속에서는 세런디피티가 일어날 가능성이 극단적으로 낮아진다. 지인과의 '약한 연결'은 없어졌다.

동시에 SNS는 예전처럼 '약한 연결'을 만드는 힘을 잃고 있다. 트위터(현재 'X') 등은 일방적으로 발신하는 매체로 변했고 SNS를 통해 새로운 흐름이 생겨나는 일은 확 줄어든 듯하다.

'하고 싶은 일을 공유하면 필요로 하는 사람이 찾아온다'는 메커니즘은 인터넷 공간에 예전부터 있었다. 다만 이전에는 현실 공간과 인터넷 공간은 별개여서, 인터넷에서는 그런 일이 자주 일어나지만 현실에서는 그다지 실현되지 않는다는 인식이 강했다. 그러나 지금은 현실 공간에서도 SNS가 '사회적 창구'로 기능하기 때문에 인터넷 공간에서 일어나는 일이 현실에도 그대로 일어나곤 한다.

예를 들자면, 비전이나 미션 수립에 관심 있는 경영자가 늘어나고 있다고 판단해 실험 삼아 페이스북에 "경영자 대상으로 카베우치(壁打ち, 누군가에게 자신의 생각을 얘기함으로써 정리하는 것)를 하겠습니다."라고 글을 올리자 30건 이상 요청이 들어왔다. 상상 이상의 반응이었다. 적극적으로 아이디어를 공유하면 세상의 니즈를 끌어내고, 가치를 창조할 수 있는 것이다.

그럼 어떤 내용을 세상에 공유하면 좋을까? '나는 ○○ 일을 하고 싶다'는 비전을 지속적으로 알리는 것이 가장 좋다.

《스타트 위드 와이》의 저자 사이먼 시넥은 사람을 움직이는

위대한 인물은 '골든 서클'이라는 단순한 패턴으로 행동한다
고 말한다. 골든 서클은 'Why(왜 그 행동을 하는가)', 'How(어떻게
하는가)', 'What(무엇을 하는가)'으로 구성되는데, 그중에서도 가운
데에 위치한 'Why(무엇을 위해 하는지, 무엇을 믿는지, 그 조직이 존재
하는 이유는 무엇인지)' 같은 감정에 호소하는 정보가 사람의 마
음을 움직인다.

**'What'이나 'How'는 지금 시대에는 마음에 큰 울림을 주
지 못하는 듯하다. 그러므로 이유나 비전을 포함해 '내가 정말
로 하고 싶은 일'을 감성적으로 전달할 필요가 있다.**

BtoB(기업 간 거래-옮긴이 주)에서도 "그러고 보니 ○○씨가 그
걸 하고 싶다고 했지."라는 계기로 사업을 시작하는 경우가 늘
고 있다. 히타치 제작소의 디자인 그룹 같은 곳에서는 하고 싶
은 일을 온라인에 공유하기도 한다.

공유할 때는 SNS가 기점이 된다. 원격근무가 당연해진 시대
에는 경영자든 일반사원이든 관계없이 새로운 일거리를 얻기
위해서는 인터넷상에서 자신을 알려야만 한다. 기업의 디지털
전환이 진행될수록 네트워크는 공고해지므로, 과거의 모델로
돌아가지는 않을 것이다.

그러므로 하고 싶은 일이 있다면 기다리지 말고 스스로 다

가가야 한다. 여기서는 지속성이 중요해진다. 즉흥적으로 생각나는 대로 이야기하는 것이 나쁘다고 볼 수는 없지만, 상대를 이해시키기 위해서는 진정성(Authenticity)이 있어야 한다. 자기 자신의 언어로 하고 싶은 일을 알리자. 그럴듯하게 포장하거나 본심과는 다른 내용을 공유하면 역효과가 날 수도 있다. 환경문제를 해결하고 싶다면서 실제로는 분리수거도 제대로 안 하는 것과 같은, 말과 행동이 다르다면 신뢰받을 수 없다.

기업 역시 아무리 멋진 취지를 내걸어도 실천하지 못하면 비판받는다. 환경문제에 관심 있는 소비자를 기만하는 행위를 지칭하는 '그린워싱'이라는 단어도 있을 만큼 소비자의 눈은 엄격하다. 과장을 하거나 거창하게 홍보할 필요는 없다. '그래도 비전인데, 너무 작지 않은가?'라고 생각하는 사람도 있을 수 있지만, 오히려 열정이 담기고 개성 있는 독특한 비전일수록 사람이 모여드는 법이다.

가루이자와 근처에는 'eyecurry & nudge'라는 카레 전문점이 있다. 이 가게는 카레집의 탈을 쓴 서드 플레이스(Third Place, 집과 직장 외에 사람들이 편하게 모이고 교류할 수 있는 제3의 공간-옮긴이 주)를 콘셉트로 한다. 손님이 느긋하게 시간을 보낼 수 있는 가게가 되고 싶어서 '일본에서 가장 회전율이 낮은 카레집'이라는 목표를 세웠다고 한다. 우리 가족은 그 가게가 정말

좋아서 틈만 나면 방문해 오래 머무른다. 가게 콘셉트인 낮은
회전율에 공헌하고 있는 셈이다. 이에 공감한 다른 사람들도
많은지 근방에서 상당한 인기를 끌고 있다.

'일본에서 가장 맛있는 집' 같은 거창한 비전을 세울 필요는
없다. 자기 역량에 맞는, 진솔한 나만의 스타일을 추구하다 보
면 자연스럽게 사람이 모여드는 법이라고 그 가게를 보며 생각
한다.

늘 트렌디할 필요는 없다

도시에서 지방으로 이주하려는 사람은 크든 작든 트렌드에 뒤
떨어지지 않을까 걱정한다. 나도 이주하기로 결정했을 때 그런
불안이 없지 않았다.

도쿄에 비해서 가루이자와의 풍경은 상당히 단순하다. 인공
물이 적고, 광고도 도쿄보다 훨씬 적다. 갑자기 튀어나오는 정
보의 양도 적다. 트렌드에 뒤떨어질까, 혹은 도시에서 갈고닦
은 센스가 무뎌지지는 않을까 하는 불안에 사로잡히는 것도
무리는 아니다. 특히 일본인은 다른 나라 사람보다 주위 분위
기에 민감하고 흐름에 올라타 있어야만 안심하는 기질이 있다

고 하니 말이다.

하지만 가루이자와로 이주한 뒤에는 '도쿄에 살 때 내가 정말로 트렌드를 따라잡고 있었나?' 하는 질문을 스스로에게 하게 됐다.

사실 이제는 트렌드라는 것 자체가 도시에서 사라지고 있다. 과거, 도시는 꽤 오랫동안 그 자체로 트렌드를 알리는 광고판이었다. 그때는 오모테산도(도쿄의 명품 거리-옮긴이 주)처럼 패셔너블한 거리를 걸어다니기만 해도 최신 유행이나 디자인이 내게 흡수되는 것 같았다.

그런데 온라인 중심의 환경이 되면서 도시의 매체로서 역할은 줄어들었다. 정보는 스마트폰의 SNS에서 흐르고, 개개인이 선호하는 관심사도 다르다. 각자 팔로잉 하는 타임라인이 다르기 때문에 '이것만 따르면 실패할 리 없는' 일본인 공통의 메가트렌드는 점차 사라지고 있다. 이제 거리를 걸어다니며 시대의 트렌드를 읽어내는 일은 전보다 어렵다.

가루이자와 근처에 미요타라는 마을이 있는데, 오모테산도나 롯폰기를 거점으로 삼았던 디자이너나 창작자들이 이 마을로 모여들고 있다. 도쿄 한복판에서 정보를 발신하던 사람들이 도쿄를 떠나 거점을 지방으로 옮긴 것이다. 10여 년 전과 비교하면 지방과 도시의 정보 격차는 크게 줄어들지 않았나 생각한다.

오히려 주의해야 할 점은 '정보 편향'이다. 도시를 떠나 스마트폰이 주요 정보원이 되면 자기가 좋아하는 정보만 접하기 쉽다. 최근의 SNS는 취향이나 과거 검색 이력을 기반으로 알고리즘에 의한 추천 포스트를 표시한다. 스스로 만든 편향을 알고리즘이 강화해서 다시 보여주는 것이다. 이런 편향을 조정하기 위해서는 정보를 받아들이는 방식을 고민해볼 필요가 있다. 내가 신경 쓰는 것은 다음 세 가지다.

첫 번째, 일부러 종이 신문을 읽는 것이다.

나는 〈닛케이신문〉과 지방신문인 〈시나노마이니치신문〉을 구독하고 있다. 인터넷에서 아무리 떠들썩한 일도 신문 지면에서는 구석에 있는 경우가 많다. 기사 전체를 훑어보며 인터넷에서 본 정보 외에도 어떤 일이 일어나고 있는지 파악한다. 〈닛케이신문〉 같은 메이저 신문은 아무래도 수도권에 편향된 정보가 대부분이므로 지방신문을 따로 구독하면 그 편향에서 벗어나 지역에서 실제 일어나는 변화를 파악하는 데 도움이 된다. 신문 읽는 시간을 확보하기가 쉽지는 않지만, 자세히 읽지 않고 그저 훑어보기만 해도 좋다.

두 번째는 나와는 다른 일을 하는 커뮤니티의 사람들과 정기적으로 만나 이야기를 하는 것이다.

요즘에는 가만히 있으면 사람들과의 만남이나 대화 기회가 잘 생기지 않는다. 스스로 대화할 거리를 만들어내야만 새로운 관점을 얻을 수 있다. 옛날 친구에게 오랜만에 연락하거나, 온라인에서 만난 사람에게 적극적으로 식사를 제안하는 등 내가 보는 세상의 범위를 조금이라도 넓히려고 노력하는 중이다.

마지막은 '이동'을 생활의 일부로 만드는 것이다.

나는 지방에 거점을 두었지만 주 2일은 도시로 가서 전혀 다른 리듬의 인풋을 얻으려 한다. 도쿄뿐 아니라 먼 지방으로 일부러 출장을 가보기도 한다. 비전 어드바이저 역할을 맡은 나가노현 하쿠바 마을이나, 시청의 일을 돕고 있는 교토시까지 시간을 들여 이동하는 일도 자주 있다.

이동하는 데 드는 시간이 아깝다고 생각하는 사람도 있을지 모른다. 그러나 내게 있어 그 시간은 에너지를 충전하는 기회다. 창밖으로 흘러가는 풍경을 보고 있으면, 무언가를 새롭게 찾아내고자 하는 열정이 자극되는 것 같다. 이동이라는 행위가 나에게는 일하러 나가는 데 원동력이 된다.

원격 회의가 가능하더라도 일부러 이동해서 직접 말을 나누고, 온라인에서도 평소에는 만날 일이 없을 만한 사람과 접촉한다. 과도하게 트렌드를 따라잡으려 의식하기보다는 그 장소에 직접 가본다. 거기서 오감을 통해 느끼고 떠오른 영감은 이동하는 시간에 글쓰기의 재료가 된다. 앞으로 지방 생활이나 원격근무가 늘어남에 따라 이동 시간은 중요한 가치를 지니게 될 것이다.

창의노동자는 전시회 등에서 최신 트렌트를 배우고 새로운 영감을 얻는 경우가 많은데, 솔직히 도쿄에 살 때보다는 그런 빈도는 훨씬 줄어들었다. 하지만 그 트렌드는 어디까지나 도쿄의 트렌드이며 지방과는 전혀 다르다는 사실도 이주 후에 알게 되었다.

여유가 가져다준 뜻밖의 선물

일하는 패턴에 변화가 생기면서 일상의 다른 부분에도 큰 변화가 찾아왔다. 흔히 말하는 '워크&라이프 밸런스'에서 '라이프'의 변화다. 가루이자와로 옮긴 후, 나는 '여가'에 대한 개념이 바뀌었다.

도시에 살지만 주말에는 지방으로 놀러 가는 것을 낙으로 삼는 사람이 많으리라 생각한다. 나도 도쿄에서 살 때는 몇 달에 한 번씩 지방으로 온천 여행 가는 것을 좋아했다. 차를 타고 도쿄를 벗어나 점점 푸르름이 짙어지는 걸 보면, 마음이 편안해지는 걸 느낄 수 있다(의학적으로는 세로토닌이 분비된다). 높은 건물이 없어 하늘도 넓어 보이고, 마음에도 여유가 생긴다. 온천이라는 비일상적인 경험에 나를 푹 담그면서 몸과 마음을 재충전하고, 한두 밤을 자고 나면 떠나는 데 아쉬움을 느끼면서 도시로 돌아간다. 이동하느라 힘들지만, 마음의 영양을 채웠으니 심기일전해서 새로운 한 주를 시작한다. 그리고 다시 평일에는 온(On), 휴일에는 오프(Off)가 되는 경계선이 뚜렷한 생활이었다.

사실 도시에서 일하는 사람에게 '여가'는 단순한 휴식이 아닌, '일을 하기 위한 휴식'을 의미한다. 어디까지나 일을 열심히 할 수 있도록 기력을 충전하고 오는 행위인 것이다.

도쿄에 살 때의 온천 여행을 되새겨보면, 업무 퍼포먼스를 올리는 것이 목적이었다. 취미도 마찬가지다. 근육 운동이나 달리기가 취미라는 사람도 어느 정도는 업무 퍼포먼스를 올리기 위해 그런 취미를 가진 면이 있다.

그런데 가루이자와로 이주한 후에는 온과 오프의 영역이 완전히 뒤바뀌었다. 아침마다 박새, 직박구리, 노랑딱새 같은 야생 조류가 지저귀는 소리에 눈을 뜬다. 일을 시작하려고 근처 공유 사무실로 갈 때도 파릇파릇한 아사마산의 기슭이 보인다. 일이 일찍 끝나면 주민 할인 가격에 이용 가능한 호시노 온천의 노천탕을 찾기도 한다.

가루이자와에 살게 된 후로 온천 여행을 가거나 캠핑을 하고 싶다는 갈망은 전만큼 들지 않는다. 오히려 비일상적인 경험을 하러 가는 곳은 도쿄나 교토 같은 대도시다. 지금까지 별로 좋아하지 않았던 빌딩숲도 오랜만에 보면 반갑다. 아드레날린이 자극되는 도시에서의 시간을 오히려 기대하게 된 것이다.

이주 전에는 일이 삶의 중심이었지만, 새로운 삶에서는 '여럿 중 하나'로 바뀐 셈이다. 반면, 업무 퍼포먼스를 올리기 위한 수단일 뿐이었던 취미나 여행, 여가는 '기타 활동'이 아니라 일과 동일한, 혹은 그 이상의 비중을 가진 활동이 되었다. 생활을 구성하는 요소들의 위상이 변했다는 느낌이다. 도시에서 지방으로 거점을 옮긴 사람에게 물어보면 대부분 이런 변화를 느낀다고 한다.

이전에는 휴가를 업무 성과를 내기 위한 보조 도구로 인식했다면, 트랜지션 이후의 '자신의 시간'을 사는 삶에서는 일,

취미, 가족, 여행 등이 모두 평등하게 인생을 형성하는 요소라고 생각하게 되었다. 이른바 '전체성(Wholeness)'이라는 개념이다.

휴가의 효과는 업무로부터 잠시 떨어져서 좋은 아이디어가 떠오르거나 집중력이 올라가게 하는 '여백'을 만드는 것이다. 캔자스대학 심리학과 루스 앤 애틀리 교수와 그의 팀이 진행한 연구에 따르면 스마트폰이나 태블릿 등 인터넷에 접속할 수 있는 기기를 떼어놓고 자연과 깊이 교감하는 생활을 지속하자, 3일째부터 창의력이 올라갔다고 한다. 휴식에 의식을 집중해서 나타나는 결과다.

대학에서 약 10년에 한 번 1년간 연구에서 완전히 손을 떼는 안식년 제도도 합리적이다. 언제나 같은 환경에서 머리를 쓰다가 그 환경에서 벗어나면 새로운 무언가를 생각해낼 가능성이 높아진다.

기업가 중에서는 중고거래 서비스 '메루카리'의 창업자 야마다 신타로의 일화가 유명하다. 그는 오랜 기간 경영하던 회사를 매각하고 세계일주를 떠났다가 귀국 후에 '메루카리'를 론칭했다. 일본에서 '틸 조직(TEAL Organization, 의사결정 권한이 직원에게 있는 자율 경영 조직-옮긴이 주)' 경영의 선구자로 꼽히는 카무라 켄슈도 회사를 그만두고 쉬고 있던 시기에 '틸 조직'이라는 개념을 만났다. 전형적인 안식년의 성공 사례로 볼 수 있다.

한편, 여성 중에는 결혼이나 출산, 육아 등의 큰 생애 이벤트로 인해 환경이 완전히 바뀌어 어쩔 수 없이 일을 그만두어야 했던 사람이 많다. 육아휴직 후에는 직장에 복귀하는 사람이 있는가 하면 창업을 하거나 새로운 일을 시작하는 사람도 적지 않다. 강제적인 휴직 시간을 계기로 트랜지션이 일어나는 것이다.

남성의 경우 육아휴직을 하는 사람이 늘었지만 대개 기간이 짧아 금방 회사 시스템에 다시 편입되고 만다. 그렇기에 의식적으로 '여백'을 확보하려는 노력이 필요하다. 예를 들어 1년에 한 달 정도, 10년에 1년 정도의 안식년과 같은 장기 휴가를 계획하는 것이다. 최근에는 사회인이 된 뒤에 대학원 등 학교에 다시 입학하는 평생교육의 중요성도 강조되고 있다.

휴가 방식은 비용이나 생활 패턴과도 밀접한 문제라 제약은 있겠지만, 본인의 의사에 따라서는 현재의 업무 스타일을 바꿔 긴 휴가를 낼 수도 있을 것이다. 앞으로는 라이프스타일이 다양해지면서 여가와 자기계발 등 다른 삶의 요소들이 더 중요해질 것이다. 이에 따라 인생에서 일의 비중은 점차 줄어들 것이다. 그런 시대에, 만약 일에만 가치를 두는 사람이라면 삶의 균형을 완전히 잃게 될지도 모른다.

타인 중심에서 자신 중심으로: 이주로 엿본 일의 미래

앞에서도 말했지만 코로나 팬데믹 기간 중 예상한 일하는 방식의 미래는 아래 두 가지였다.

1. 기본 근무 형식이 재택근무로 바뀌면 정신적 스트레스를 줄일 수 있는 자연환경을 찾아 지방으로 이주할 것이다.
2. 특히 지식노동자의 노동시간은 전보다 줄어들 것이다.

첫 번째와 관련해 지방 이주는 정말로 스트레스를 줄여주었고 몸도 마음을 건강하게 유지하며 일할 수 있게 되었다. 동시에 '강한 자극'도 줄어들어 일부러 도시에 나가는 등 의도적으로 자극을 만들 필요성이 생길 정도다.

두 번째와 관련해서는 확실히 전보다는 일하는 시간이 줄어 '워라밸'이 크게 개선되었다.

실제로 이주를 한 후 생활하면서 더 잘 알게 된 사실도 있다. 원격근무가 생활 속에 정착되는 것은 이제 돌이킬 수 없는 흐름이다. 이런 시대에는 '일하다'의 의미가 바뀐다. 회의 시간 외에는 서로 뭘 하고 있는지 알 수 없는 원격근무 환경에서는 남이 시켜서 하는 일은 착실하게 진행한다는 보장이 없다.

사실 회의조차 듣고 있는지 아닌지 알 수 없다. 이런 환경에서
는 자기가 재미있어 하지 않는 일을 해봤자 진전이 없다. 그러
므로 다른 사람이 시키는 타인의 일은 되도록 줄이고, 자신이
좋아하거나 하고 싶은 일을 기반으로 근무 시간을 설계할 필
요가 있다.

지금까지의 조직 관리는 먼저 업무가 있고, 그것을 팀원에게
분배하는 방식이었다. 그러나 앞으로는 팀원 각자가 좋아하거
나 하고 싶은 일을 밝히고, 프로젝트를 만들어 참가하는 방식
이 주류가 될 것이다.

원격근무를 계기로 부업을 허용하는 회사도 늘고 있는 만큼
앞으로는 여러 조직에 소속되는 일도 당연해질 것이다. '겸업
금지'는 시대에 뒤떨어지는 규칙이 될지도 모른다. 가장 이상
적인 형태는 일주일에 절반은 자신의 강점을 발휘해 안정적으
로 돈을 벌 수 있는 조직에 소속되어 일하고, 나머지는 '자신
의 시간'으로 사는 데 직결되는 개인 프로젝트나 사회공헌 프
로젝트에 투자하는 식으로 두 가지, 세 가지 일을 병행하는 형
태다.

최근에는 DAO(Decentralized Autonomous Organization)라는
자율분산형 조직도 생겼는데, 주식회사와 달리 프로젝트의 미
션이나 목표에 공감하면 익명으로도 참가할 수 있다. 이런 형

태의 조직은 앞으로 더 늘어날 것이다.

이렇게 변화하는 세상에서는 사람마다 하고 싶은 일이 다르게 나타나며, 이에 따라 사람들 사이에 격차가 생긴다. 하고 싶은 일이 명확한 사람은 스스로 끊임없이 공부하고 결과를 세상에 공개하며, 그 결과가 다시 사람을 모으는 선순환으로 이어진다. 반면, 하고 싶은 일이 없는 사람에게는 아무 일도 일어나지 않는다.

'자신의 시간'을 사는 데 일하는 시간이 중요하다는 점은 강조할 것도 없다. 그러므로 일하는 장소, 즉 회사에 어떤 일을 하고 싶도록 자극하는 동료가 있는지, 함께 탐구할 수 있는 프로젝트 기회가 있는지, 더 나아가 하고 싶은 일을 프로젝트로 만들어 실제로 할 수 있는 환경인지가 중요한 기준이 된다. 앞으로 회사란 저절로 그런 형태로 바뀔 것이다. 우리 각자는 가슴이 뛰는 일, 하고 싶은 일을 어떻게 업무에 적용할지 고민하면 된다.

> Q. 당신은 어떤 일을 할 때 두근거립니까?
> 혹은 당신의 일을 어떻게 두근거리는 일로 바꿔가고 싶습니까?

인생에 한 번쯤은 내 집을 지어보고 싶어서

재택근무가 늘어나면서 우리는 가장 시간을 오래 보내는 장소인 '집'에 더 많은 관심을 기울이게 되었다. 이제는 삶의 질을 높이기 위해 자신의 주거 공간을 직접 '디자인한다'는 발상이 필요해진 것이다.

현실적으로 도시권 아파트에는 맞벌이 부부가 재택근무를 할 만한 공간이 부족한 경우가 많다. 장소가 없어 욕조에서 온라인 회의에 참가한 사람도 있을 정도로, 업무 공간 확보는 큰 과제가 되었다. 아이를 키우는 가정이라면 회의 중에 아이들이 갑자기 끼어드는 문제도 생긴다. 격식 없는 회의라면 재미있는 에피소드로 넘어갈 수도 있겠지만, 참가자의 집중력은 흐트러지므로 마냥 좋은 경험이라고는 할 수 없다.

이런 상황에서 우리는 집을 보다 자기만의 시간을 보낼 있는 장소로 바꾸고 싶어졌다. 긴 겨울을 나야 하는 북유럽 사람들이 가장 오랜 시간 머무르는 집과 인테리어에 공을 들이는 것처럼 말이다.

수도권에는 그런 조건을 만족하는 집이 많지 않다. 도시에 사는 가족이 적당한 크기의 집을 사려면 대략 1억 엔 가까이 드니, 경제적으로 쉬운 선택이 아니다. 그래서 주택구매 대출을 받아 아파트를 사고, 가족이 늘어나 집이 좁아지면 수도권 근교의 단독주택으로 갈아타는 흐름이 지금까지는 일반적이었다.

하지만 원격근무 보편화로 어떤 곳에서든 일할 수 있게 되며 새로운 선택지가 현실성을 띠기 시작했다. 자기가 살고 싶은 지방에 땅을 사서, 짓고 싶은 집을 짓는다는 선택이다. 2021년 3월에는 도쿄 23구의 전출자가 2014년 이후 처음으로 증가했다. 수도권 100킬로미터 이내에서는 가루이자와나 나스, 그 외에는 오키나와 같은 휴양지로 이주하는 사람이 증가했다고 한다.

이 현상을 한마디로 표현한다면 '입지의 편리성을 포기하고, 자기 시간의 질을 추구하는 것'이다. 이것은 단순히 소비 스타일의 변화가 아니라 이상적인 라이프스타일을 추구하는 방향으로 내면이 변화하고 있다는 것을 뜻한다.

그렇다면 주거와 라이프스타일이 어떻게 변화했는지 구체적으로 살펴보자.

내가 살고 싶은 곳을 선택하는 법

"살 곳을 마음대로 고를 수 있다면 어디에 살고 싶습니까?"라고 누군가 묻는다면 당신은 어떻게 답하겠는가?

나는 최근 1년간 팬데믹을 계기로 이주한 사람들에게 인터뷰를 부탁하는 자리를 많이 만들고 있다. 대상 지역은 가마쿠라, 시가사키, 오이소, 후쿠오카, 교토, 다카사키, 고후, 쓰쿠바, 가루이자와, 사쿠, 삿포로, 가고시마 등 지역도, 동기도 제각각이다. 왜 그곳을 골랐는지 물어보니 다음과 같은 대답들이 돌아왔다.

- 먼저 도쿄와의 교통편. 신칸센이나 비행기로 1시간 정도

면 도착할 수 있어야 한다.

- 다음으로 취향. 바다를 좋아하는지 산을 좋아하는지에 따라 선호하는 지역이 갈린다. 바닷가 혹은 산속에 살아 보고 싶다는 로망이 이주의 원동력이 되었다.
- 교육기관이 어떤지가 중요하다. 아이가 초등학교 3학년 이하거나, 반대로 대학에 들어가 더 손이 가지 않는 타이 밍에 이주한 사람이 많다. 아이가 어린 가정의 경우 어린 이집이나 학교 사정이 어떤지가 중요했다. 도쿄에는 없는 독특한 교풍의 학교 때문에 이주를 결정하기도 한다.
- 지연이 중요한 경우도 있다. 부부 중 한 명의 본가가 가까 이 있다는 이유로 선택한 경우도 많다.

나는 팬데믹 전부터 친구와 함께 가나가와현 즈시에 방 하나를 빌려 두 지역살이 실험을 하고 있었다. 책을 쓰기 위한 작업용 공간이 필요해서였다. 우선 차로 1시간 정도의 거리를 오가며 도쿄가 아닌 거점에 익숙해지는 데서부터 시작했다.

가루이자와로 이주하게 된 결정적인 이유는 2020년 4월의 긴급사태선언이었다. 어린이집, 유치원이 모두 쉬면서 아이가 있는 집에서 일을 해야 했다. 공원에서도 마음 놓고 놀 수 없던 때였다. 한창 자라날 시기의 아이를 방 안에 밀어넣고 있자니 도쿄에서 사는 것이 이 아이들에게 정말 행복한 건지 회의감이 들었다.

마침 그때 아내가 가루이자와에 있는 '숲의 유치원 삐삐'라는 곳을 알게 됐다. 이곳은 숲을 마당으로 삼은 야외 보육 유치원이다. 도쿄의 좁은 아파트에서 노는 대신 숲속에서 뛰어놀며 자라나는 아이를 상상하자 일종의 해방감이 느껴졌다.

때마침 회사에서는 가루이자와에 새로 생긴 가자코시학원이라는 학교를 지원하고 있었다. 가자코시학원은 아이들 한 명 한 명의 자율성을 존중하며 탐구적인 프로젝트형 커리큘럼을 만들어가는 중이었는데, BIOTOPE가 학습 도구 디자인을 도왔다. 사회와 과학 교과 학습의 전체상을 지도로 만들어 아이들 개개인이 배운 내용을 되새기는 '배움의 지도'라는 자료였다. 이렇게 인연 있는 학교가 존재한다는 점도 가루이자와라는 장소를 선택한 계기 중 하나였다.

그 후 유치원 견학을 위해 여름과 가을에 가루이자와를 가족과 함께 방문했다. 풍요로운 자연과 아름다운 단풍이 정말 멋졌다. 여기서 살면 계절이 변화를 느끼면서 가족과 지낼 수 있다. 아이가 산에서 뛰어놀며 자랄 수 있다. 그런 생활을 기대하며 우선 딸이 초등학교에 들어가기 전까지 1년 정도 가루이자와에서 살아보기로 했다.

주거의 결정권은 '일'에서 '가족'으로

'가루이자와로 이주했다'라는 말을 들으면 어떤 이미지가 떠오르는가. 가루이자와는 일본에서 가장 유명한 피서지 중 하나다. 19세기 이후 서양인을 비롯해 많은 이들이 가루이자와를 즐겨 찾았다. 여름에도 시원하고 자연 환경이 풍부해서 각계 저명인사가 별장을 두고 있는 별장지로 유명하다. 거기에 세련된 레스토랑이나 카페, 리조트 시설도 많아 일종의 브랜드화된 지역이다. 실제로 트위터에서 '가루이자와 이주'를 키워드로 검색하면 스타일리시한 생활을 자랑하는 계정이 많이 나온다. 마치 가루이자와에 사는 것이 유행처럼 인식되고 있는 듯하다.

사실 나는 사람들이 많이 고르는 브랜드는 그다지 선택하지 않는 타입이다. 가루이자와도 너무 이름 있는 지역이라 사실 덜 알려진 지역으로 가고 싶었다. 지금은 가루이자와 생활이 완전히 마음에 들지만, 이주 전에는 브랜드화된 이미지가 너무 강해 마치 차에 대해 잘 알지도 못하면서 포르쉐를 타고 다니는 듯한 부끄러움을 느꼈다.

그럼에도 가루이자와를 고른 이유는 '여기라면 이주해보고 싶다'는 아내의 의사가 컸기 때문이다. 이런 경우는 흔하다. 가루이자와로 이사한 가족에게 가족 중 누가 이사에 적극적이었는지 물어보면 '아내'라는 답이 압도적으로 많다. 이유로는 거주지를 바꾸면 업무 환경보다 가사 및 육아 환경이 더 크게 변화한다는 점을 들 수 있다.

애초에 아이가 있는 가족은 교육환경이 갖춰지지 않은 곳으로는 이주할 수 없다. 지금까지는 근무지(일)에 맞춰서 살 곳을 정하는 것이 일반적이었지만, 결정 요인이 점차 주거 환경이나 교육(가족)으로 바뀌고 있다.

이주는 가족 모두에게 큰 변화 경험이다. 우리 가족은 아이가 어른들의 사정 때문이 아니라 '내가 살고 싶어서' 이사했다고 생각할 수 있는지를 중요하게 여겼다. 그래서 가루이자와에 몇 번 같이 가본 후 도쿄와 가루이자와 중 어느 쪽에서 살고 싶은지 물었고, 이유는 명확하게 말해주지 않았지만 아이가 가루이자와를 선택했기 때문에 먼저 1년 동안 살아볼 수 있는 집을 찾기 시작했다.

집 짓기: 이상과 현실의 균형 찾기

지방으로 이주할 때 겪는 어려움 중 하나는 임대 물건이 부족하다는 것이다. 잠재적으로 지방으로 이사하고 싶어 하는 사람은 꽤 많다. 그러나 지방에는 수도권에 살고 있던 가족이 이사할 만한 임대 물건이 적다.

그래서 이주지로 인기 있는 지역에서는 낡은 가옥을 부수거나, 경작하지 않는 농지를 주택지로 바꾸는 등 임대 수요를 위한 부동산을 만든다. 우리가 이주했을 무렵, 가루이자와도 앞으로 이주 수요가 꾸준히 늘어날 것을 예상했는지 임대용 건물들이 여럿 지어지고 있었다.

그런데 막상 빌린 집에서 살려고 보면 이번엔 직접 집을 지은 친구들 얘기를 듣게 된다. 우리가 빌린 집도 살기 좋았지만, 친구들이 지은 집에 놀러 가면 나 역시 집을 짓고 싶어졌다. 가루이자와의 토지 가격은 급등하고 있지만, 여전히 도심의 고급 아파트에 비해서는 저렴한 가격에 땅을 사고 집을 지을 수 있다. 인생에 한 번쯤은 내 집을 지어보고 싶다는 꿈을 가진 아내가 산책 중에 숨어 있는 괜찮은 땅의 매매 표지판을 발견한 덕에 이주한 지 반년도 지나지 않아 우리의 집 짓기 프로젝트가 시작됐다.

집은 우리가 꾸밈없는 모습으로 지낼 수 있는 귀중한 공간이다. 그러므로 자신의 시간을 사는 데 있어서 집 디자인은 중요하다. 그러나 지금까지 집은 'LDK(Living, Dining, Kitchen의 첫 글자로, 일본에서는 이 앞에 방의 개수에 해당하는 숫자를 붙여 1LDK, 2LDK처럼 표현한다-옮긴이)'라는 방의 개수와 배치 중심으로 재단되어왔다. '3인 가족이니까 적어도 2LDK(방 2개)는 돼야 해' 같은 식이다. 방 배치가 먼저이고 라이프스타일을 거기에 맞추는 일종의 '기성품 집'이다. 사람마다 삶의 형태는 다양하기 때문에 집도 그 형태에 맞춰져야 마땅한데, 현실에서는 집이라는 상품에 내 생활을 맞춰가야만 한다. 이렇듯 일반적인 아파트를 생활의 터전으로 삼으면 제약이 많다.

그러나 앞으로는 집을 스스로 디자인했는지 아닌지에 따라 생활의 질에 달라질 것이다. 기존 LDK 개념을 기반으로 생각을 하면 집에 온갖 제약이 생기지만, 처음부터 스스로 집을 디자인한다면 '우리(나)는 어떤 삶을 살고 싶은가?'라는 질문을 기반으로 생각할 수 있다. 자기 스스로 이상을 형태화하는 과정은 그 자체로 이상적인 삶을 언어화하는 과정과 같다.

가루이자와에서 우리 가족은 서로 이상적인 집의 모습을 공유하는 데서 시작했다.

내가 원하는 집

• 마당에 새가 찾아올 만큼 자연에 가까운 집

- 서재는 숲이 보이는 방향으로
- 독서나 명상을 할 수 있는 일본식 방
- 요리하기 편하고 즐거운 부엌

아내가 원하는 집
- 큰 창으로 햇빛이 충분히 들어오는 부엌과 다이닝룸
- 독특한 재료로 개성을 살린 부엌
- 좋은 나무를 재료로 쓰고, 모던한 톤으로 통일된 집
- 넓은 거실

　도시에서는 집의 크기나 층수에 따라 등급과 가격이 결정되며, 수요와 화폐 가치는 밀접하게 연결되어 있다. 그러나 지방은 비교적 공간이 넉넉하고, 환경도 다양하기에 어떤 생활을 하고 싶은지부터 생각해볼 수 있다. '새가 찾아오는 마당'이나 '책을 읽기 위한 공간'은 상품성이 없어 도시의 집에는 적용되기 어렵지만, 지방에서는 개인의 취향에 따라 선택 가능하다. 그리고 그것은 소비자로서 사치를 부리는 것과는 다른, 자기중심의 풍요로움을 표현하는 방식의 일종이다.

　이렇게 시작된 집 짓기. 자신이 생각하는 풍요로움을 형상화하는 과정이라고 표현하면 이상적인 집 짓기를 상상하겠지

만 사실은 고통이 따르는 일이었다. 왜냐하면 이상적인 집의 이미지를 두고 가족 간에 충돌이 발생할 여지가 많기 때문이다.

집을 짓는 과정에서는 부부가 각자 생각하는 이상적인 라이프스타일이나 비전이 맞부딪친다. 서로 받아들일 수 없는 부분도 있고, 예산도 한정적이다. 어느 정도 자란 아이가 있다면 아이도 희망사항이 있다. 집에 대해 각자 원하는 것을 인식하고 바라는 단계, 그리고 서로 의견을 내고 자기 주장을 내세우며 다투는 단계를 거쳐 타협점을 찾아간다.

집 짓기는 공간과 예산의 제약 때문에 제로섬 게임이 되기 쉽다. 싸움으로까지 발전하지는 않더라도 가족 간에 긴장이 생기는 일도 종종 발생한다. 공동 창작은 원래 어려운 법이다. 하지만 그런 과정을 통해 부부의 관계가 재정립되기도 하고, 마침내 적정한 균형점을 찾게 된다.

우리는 집 짓기에 열정적이고 비전이 뚜렷한 아내가 총기획자로서 거의 모든 의사결정을 책임지는 것으로 역할을 정했다. 집이 완성되기까지 예상보다 오래 걸리고 많은 노력이 필요했지만, 완성된 집을 마주한 순간 그동안의 고생이 모두 보상받는 듯한 감동을 느낄 수 있었다.

자연 속에서 새롭게 뿌리내린 삶

"실제로 살아보니 아파트와 단독주택은 어떻게 다른가요?"라는 질문을 받을 때가 있다. 집의 크기나 마당이 있고 없고 같은 물리적인 차이도 있지만, 가장 큰 차이는 단독주택에 살면서 '땅에 뿌리를 내리고 있다'는 감각을 느끼게 된 것이다.

가루이자와에서는 '자연보호대책요강'이라는 조례가 있다. 자연을 보존하고 휴식지로서의 마을 만들기를 추진하기 위한 것으로, 300제곱미터 이상 나무를 베어내거나, 음식점을 낼 때는 사전에 마을과 협의해야 한다는 등의 조항이 있다. 우리가 집을 지은 곳은 원래 습지 가까운 정글 같은 풀숲이었는데, 나무는 최대한 그대로 두고 그 외에도 기존 식생을 살리는 방향으로 집을 설계했다. 들풀도 봄에 다시 날 수 있도록 뿌리를 남겨두었다.

가루이자와 숲속에 살면 자연과 생태계 일부에 단단히 뿌리 내린 식물이 된 기분이다. 주위 식물들도 계절에 따라 조금씩 모습을 바꾼다. 자연 속에 뿌리를 내리면 24절기, 72절후[각 절기를 3개의 후(候)로 나눈 것] 같은 세세한 자연의 변화를 피부로 느낄 수 있다. 정말 새롭고 풍요로운 경험이다.

일본에는 아름다운 사계절이 있다. 그렇지만 도시에 살면 사계절의 변화를 매일같이 느낄 일은 거의 없다. 가루이자와에서는 똑같은 가을이라도 매주 조금씩 달라지는 것을 실감한다. 나무마다 다른 속도로 단풍이 들고, 전부 물들었나 싶으면 하나둘 잎이 떨어지며 지면으로 붉은색이 옮겨간다. 겨울에는 기온이 영하로 내려가 춥지만 비교적 맑은 날이 많고, 서늘하고 청량한 공기 속에서 나뭇가지에 이제 막 돋아나는 새순을 발견하기도 한다.

순환형 건축이라는 비전을 가진 지방의 한 건축회사 대표가 이런 말을 했다. "현대에는 자연과 인간 사이에 강제적으로 선이 그어져 있다. 그러나 마당을 만들면 자연과 인간의 경계가 녹아드는 공간을 만들 수 있다."

실제로 마당이 있으면 자연과의 거리감이 달라진다. 마당이라고 해봤자 사람이 인위적으로 만든 녹지고 관리도 힘들 것이라 생각할 수 있으나, 가루이자와에는 보기 좋으라고 전부 인위적인 잔디밭으로 만들기보다는 야생식물들의 식생을 살리면서 적당히 손질해 주위 생태계와 함께 살아간다는 미의식이 있다. 나도 매우 공감하는 바다.

여러 식물이나 새들과 마당이라는 공간을 공유하고 자연 생태계에 연결되면 내가 자연 덕분에 살아 있는 존재임을 실감한다. 이렇게 자연과 더 깊이 연결된 느낌을 받을 수 있다는 것

이 지방에서 마당이 있는 집을 짓고 생활하는 라이프스타일의 진정한 풍요로움이다.

최근에는 집을 소유하지 않고 원할 때마다 이동하며 사는 노마드 스타일이 유행이라고 한다. 나 역시 소유는 최소한으로 하고 이동하며 사는 타입이었지만, 직접 땅을 사서 집을 지어보니 제2의 고향이 생긴 듯한 느낌이다. 다시 다른 곳으로 이사를 가더라도 이 장소는 내가 뿌리를 내린, 나를 완성해준 고향으로서 마음속에 남아 있을 것이다.

인간관계는 '귀'로 만들어진다

거리두기가 일상이던 시절, 우리에게 '사치'라고 할 만한 건 뭐가 있었을까?

가루이자와 이주 후 다양한 심경의 변화가 있었다. 도시에서 벗어나 살면서 생긴 갈망 중 하나는 타인과 연결되었다는 실감을 느끼고 싶다는 것이었다. 이유 없이 사람 목소리가 듣고 싶어졌다.

도쿄에 살던 때에는 이런 감정을 크게 느낀 적이 전혀 없었다. 언제나 수많은 사람에 둘러싸여 있기 때문이다. 전철역 긴

통로를 걸어서 출퇴근하고 있자면 인파 속의 내가 부품처럼 생각되기도 했고, SNS에서도 다른 사람들과 늘 함께 있다는 느낌이 들었다. 사람에게서 거리를 두고 싶어 전철 안에서 눈을 감고 명상하기까지 했었다.

그런데 가루이자와로 이주한 후에는 팟캐스트를 자주 듣는 새로운 습관이 생겼다. 이곳에서는 차로 이동할 때가 많은데, 예전에는 운전할 때 음악을 들었다면 이제는 주로 팟캐스트를 듣는다. 사람의 목소리를 들으면 그 존재감이 느껴져서 신기하게도 안정감이 들기 때문이다. 누군가의 음성이 들리는 느낌이 기분 좋고, 실제로 대면하는 것도 아닌 이 정도 거리감이 딱 좋다.

노무라 다카후미 씨의 '뉴스커넥트'나 친구가 진행하는 '슬로미디어 Lobsterr FM', 이주 동기이기도 한 현대예술가 다테이시 주칸 씨의 '백백', 역시 이주 동기인 편집자 히노 나오미 씨의 '가루이자와 노트' 등 나와 성향이 맞는 팟캐스트를 켜놓으면 그들과 함께 있는 기분이 든다.

같은 음성 미디어라도 클럽하우스나 트위터 스페이스는 편하지 않다. 많은 사람이 참가하는 미디어는 왠지 긴장된다. 반면, 팟캐스트는 1 대 1, 1 대 2 정도의 개인적인 미디어다. 팟캐스트는 다루는 내용도 개인적인 경향이 있다. 진행자가 뉴스를 듣고 어떤 생각을 했다고 말하면, '아, 나만 그렇게 느낀 게 아니구나'라며 안심되기도 한다.

왜 사람의 목소리를 듣고 싶어졌을까. 서로 떨어져 사는 생활이 당연해진 지금 사회에서는 가족이 아닌 사람의 내면을 감지하기 어려워졌기 때문일 듯하다. 가볍게 대화 나눌 기회가 줄어든 탓에 남이 무슨 생각을 하고 어떤 감정을 느끼는지 알기 힘들어졌다. 그래서 타인의 감정이나 욕망, 살아 있는 인간의 존재감을 느끼고 싶다는 욕구가 이주 후에 수면 위로 올라왔는지도 모른다.

지방 이주 생활은 늘 반짝거릴 것 같지만, 실제 삶은 당연히 좋은 점만 있지는 않다. 원하는 라이프스타일을 실현한 듯 보이지만, 그 뒤에는 어쨌든 자기의 길을 가야 한다는 고독감도 존재한다. 도쿄에서 일할 때는 근사한 삶의 예시 같은, 정형화된 라이프스타일의 계단이 뚜렷이 보여서 무의식적으로 한 발 한 발 올라갔다. 그러나 도시를 벗어나면 참고할 예시가 사라진다.

심리학적으로 사람은 생각하는 바를 누군가에게 이야기하는 것만으로도 어느 정도 마음이 치유되고 외로움도 해소된다고 한다. 일이 힘들다고 친구에게 하소연하면 마음이 가벼워지는 이유다. 일상 속 잡담은 일종의 자연스러운 상담이다. 예전에는 잡담하는 자리에서 힘든 심경을 토로하며 마음을 다잡을 수 있었다. 술자리에서 뒷말을 하는 것도 어떤 의미로는 마음의 안정을 유지하는 역할을 했다고 볼 수 있다. 그러나 원격근무를 하면 그럴 기회 자체가 없다. 약해진 마음이 회복되지 못하고 계속 울적해지기만 한다. 그런 상황에서는 본심을 얘기하고, 약한 부분을 드러낼 수 있는 자리가 필요하다.

상사라면 온라인에서라도 좋으니 의식적으로 부하직원의 마음을 물어보자. 상사가 먼저 진솔한 면을 보여준다면 부하도 마음을 열고 솔직한 마음을 털어놓는다. 나도 회사 직원에게 "요즘 짜증이 많아진 것처럼 보일 텐데 사실 내가 이런 것에 콤플렉스가 있거든. 말을 심하게 해서 미안해."라고 털어놓았더니 직원도 "저도 공감합니다."라는 대답을 해주었다.

우리 회사에는 '체크인, 체크아웃'이라는 룰이 있다. 회의 시작과 끝에 팀원이 지금 머릿속에 드는 생각을 말하는 것이다. 이를 통해 고민거리가 있는지 파악하고, 필요에 따라 개별적으로 도움을 줄 수 있다. 잡담의 기회가 줄고 본심을 토로할 자리가 줄어든 지금, 외로움을 해소할 자리를 마련하는 것이 어느 때보다 중요해지고 있다.

주거가 일보다 먼저인 시대

이제 앞으로의 주거 양식이 어떻게 변할지 생각해보자.

근무의 기본 형태가 재택근무로 바뀌면서 주거를 가장 중요히 여기는 사람이 늘었다. 한번은 어느 가전제품 회사와 일하던 중 미래에 대해 의견을 나눈 적이 있는데, 이런 이야기가 나왔다. 지금까지 '일 〉 주거'였던 우선순위가 이제는 '주거 〉 일'로 변하고 있다. 북유럽 사람들은 겨울에 집에서 지내는 시간이 매우 길기 때문에 인테리어나 디자인에 많이 투자하는데, 일본인들도 집에서 지내는 시간이 점점 늘어날 것이다. 그러면 우리가 노력을 투자할 대상도 일보다는 집, 그리고 집에서 지내는 시간을 풍요롭게 만드는 방향으로 변하지 않겠는가. 실제로 인테리어나 가전도 고급 제품의 판매량이 늘고 있다고 한다. 자기 시간을 보내는 데 어울릴 만한, 품질 좋고 자신다움을 표현할 수 있는 제품을 집에 두려 하는 것이다. 이러한 특징을 정리하자면 다음과 같다.

- 자기 취향과 맞는 지역에 사는 사람이 늘어난다.
- 자신이 원하는 집을 짓고 싶어 하는 사람이 늘어난다.
- 사람이 모이는 곳인 부엌이나 거실에 투자하는 사람이

늘어난다.

- 자기 미의식에 맞는 디자인의 가구나 가전제품을 선택한
다.

자신만의 공간에 대한 추구는 인테리어에 대한 투자에 그치
지 않고 공간 자체를 자기 손으로 만드는 DIY로도 이어진다.
가루이자와 옆 미요타마치에는 디자이너나 편집자 등 창의노
동자들이 많이 이주했는데, 그들 중에는 자택 일부나 서재를
직접 지은 사람들이 있다. DIY는 시간 효율성 측면에서는 비
효율적일지도 모르지만, 나만의 공간을 스스로 만드는 즐거움
은 다른 무엇에 비할 바가 아니다.

디자인 세계에는 '불편익(不便益)'이라는 개념이 있다. 말 그
대로 '불편하기 때문에 얻는 이익'을 의미한다. 온갖 것이 효율
화 되어가는 현대사회에서 사람들은 오히려 불편함을 추구한
다. 비효율 덕분에 살아 있음을 실감할 수 있고, 거기서 풍요
로움을 얻는 것이다.

이제는 두 군데 혹은 여러 군데에 거점을 두고 거주지를
'골라서' 산다는 개념도 등장하고 있다. 개인적으로 별장을
빌리는 사람도 늘었으며, 여러 곳에서 살아볼 수 있는 서비

스 ADDress, 여행 구독 서비스 HafH, 구독형 별장 서비스 SANU, 호텔도 될 수 있는 별장 NOT A HOTEL 등의 스타트업이 여러 지역살이의 벽을 낮추고 있다. ADDress의 경우 가나가와현 하다노시의 쓰루마키라는 마을이 인기가 있어 수시로 묵다가 아예 주민등록을 옮기는 사람까지 있다. 재미있는 '야모리(그 집에 살면서 게스트를 대접하는 관리인)' 덕분에 사람이 계속 모여들어 70명이나 되는 사람들이 온라인 채팅방에서 매일 대화한다. '덕분에 인생이 풍요로워졌다'고 말하는 사람도 있다. 가족은 아니지만 친구보다 가까운 '확장 가족' 같은 커뮤니티가 만들어지고 있다.

BIOTOPE가 지원하는 건축 스타트업 VUILD에서는 'NESTING'이라는 디지털 집 짓기 서비스를 선보였다. 집 공간을 자기가 원하는 모양으로 직접 설계하고 지역의 목재 자원을 활용해서 스스로 집을 짓는 서비스다.

이 같은 서비스들을 활용해서 자기만의 라이프스타일을 구현한 집이나 별장을 짓고, 풍요롭다고 생각하는 환경에서 사는 삶. 나는 이런 모습이 미래의 새로운 웰빙이 될 것이라 생각한다.

식생활의 변화가 가져오는 것들

집에 머무는 시간이 늘면서 생긴 변화 중 하나가 식생활이다. 외식이 줄고 집에서 식사하는 빈도가 늘었다. 퇴근길에 술집에 들르거나 회식을 하는 횟수도 상당히 줄었다. 집에서 요리할 일이 늘어난 사람도 많을 것으로 보인다.

쿡패드(일본의 레시피 사이트-옮긴이)가 2021년 발표한 '코로나 전후 가정 요리에 관한 실태조사'에 따르면 34.4퍼센트의 가정에서 요리를 하는 인원 수가 늘었다고 한다.[3] 요리를 시작한 계기로는 '집에 있는 시간의 증가'와 '가사 분담'이, 새로 요리를 시작한 사람으로는 1위가 '파트너', 2위 '중학생 이상 자녀', 3위 '초등학생 이하 자녀'가 꼽혔다. 지금까지는 요리는 주로 여성이 담당한다고 생각되어왔으나, 그 인식이 완전히 변했다는 것을 보여주는 결과다. 해외로 눈을 돌려보면, 미국에서는 외식이 줄고 요리하는 빈도가 늘어남에 따라 건강에 더 많이 신경을 쓰게 되었다는 조사 결과가 있다.

외식할 때는 요리가 맛있는지 아닌지에만 초점이 맞춰진다. 반면, 직접 요리를 하게 되면 재료의 생산지 등 배경 정보와 신선도, 영양균형 등에 관심이 생긴다.

원래 식생활은 개인의 가치관이 반영되기 쉬운 분야다. 종교 계율 중 상당수는 무엇을 먹으면 안 되는지에 관한 것이다. 지속가능성이라는 관점에서 동물성 음식을 일절 먹지 않는 완전채식주의 '비건', 식물성 식품을 중심으로 먹지만 가끔 고기나 생선도 먹는 유연한 '플렉시테리언'을 실천하는 사람들도 있다.

자신의 시간을 사는 사람은 남보다 내면의 표현을 우선한다고 했는데, '음식을 먹는다'는 행위 역시 일종의 자기표현이라 볼 수 있다. 식생활을 다시 생각하는 것은 삶을 다시 생각하는 것으로 연결된다.

식문화는 미디어가 된다

도시에 사는 사람 중에는 음식을 먹을 때 가성비나 시간 절약을 중시하는 사람이 있다. 식사란 배가 차고 영양 보충이 되면 그만이라는 생각이다. 이것은 식사를 즐긴다기보다 '상품을 소비한다'에 가깝다. 나도 도쿄에 살 때는 어느 정도 그런 면이 있었다.

그런데 지방으로 이주한 후에는 식생활에 관한 생각이 크게 바뀌었다. 먼저 요리를 더 자주 하게 되었다. 시간 효율만을 따지면 요리는 결코 쉬운 일이 아니다. 일반적으로 요리란 비용을 줄이기 위해 시간을 희생하는 일이라고 생각할지도 모른다. 하지만 실제로는 메뉴를 고르고 재료를 사서 만드는 과정 자체를 충실한 시간으로 느낄 수 있다. 왜냐하면 요리가 '손을 움직이는 창조적인 행위'이기 때문이다. 온라인 회의를 하면 손을 자유롭게 움직일 일이 거의 없다. 그런 상황에서 요리는 무언가를 만든다는 만족감을 준다. 그렇게 생각하면 요리를 준비하는 시간도 의식적이고 몰입하게 되는 시간으로 여길 수 있다.

실제로 내가 인터뷰한 이주자의 상당수가 "여기 와서 요리하는 즐거움을 알았어요."라고 말하기도 했다.

식재료가 본래 지닌 맛은 요리하는 즐거움을 더해준다. 나가노는 채소가 싸고 맛있다. 가루이자와에는 점포당 매출이 일본에서 가장 높다는 슈퍼마켓 체인 '쓰루야'가 있는데, 특히 지역 생산자와 공동개발한 PB상품이 많은 호응을 얻고 있다. 휴가철에는 관광객이나 별장에 쉬러 온 사람들이 장바구니 가득 재료를 사가는 모습을 볼 수 있다. 지역 농산물 직판장에서 파는 고당도 토마토는 얼마나 달콤한지 입에 넣었을 때 느껴지는 맛이 감동적이기까지 하다. 토마토 하나에도 수많은 종류가 있다는 사실이 놀라웠다. 이미 조리된 완성품을 먹는 경우가 많은 도시와 달리 재료 본연의 맛을 누릴 수 있다는 점도 지방에 사는 이점 중 하나다.

지역에 따라 다양한 식문화나 특산품이 존재하기에 식생활은 지역문화를 전파하는 미디어가 될 수 있다. 가루이자와에 있는 '레스토랑 Naz'는 최고의 식문화를 체험할 수 있는 곳이다. 세계 최고의 레스토랑으로 명성 높은 'noma'에서 연수를 받은 스즈키 나츠키 셰프가 2020년 9월에 오픈했다. 덴마크 코펜하겐에 있는 noma는 영국의 음식 전문 잡지가 주최하는 '세계 베스트 레스토랑 50'에서 1위를 다섯 번이나 차지한 식당이다.

Naz에서는 발효 문화, 예술성 그리고 재료 본연의 맛을 즐길 수 있는 독창적인 요리가 끊임없이 등장해 놀라움을 준다. 겨울당근 같은 나가노의 식재료를 이용하는 등 재료 하나하나, 조리법 하나하나에 스토리를 담아낸다. 접시마다 새로운 문화를 소개하는 미디어 같다.

개인 차원에서도 식생활은 라이프스타일의 중심이자, 중요하게 여기는 사상을 표현하는 '미디어'가 될 수 있다. 도쿄에 살 때는 사상이나 가치관을 식생활로 표현하려 해도 어느 가게에서 먹었는지, 무엇을 먹었는지 정도밖에는 선택지가 없었다. '지속가능성'을 라이프스타일에 녹여내고 싶어도 결국은 '일회성 소비'에 그치기 마련이었다. 그러나 지방에서는 재료의 질을 따지고, 생산 농법이나 생산자, 로컬푸드 등 식품의 이력을 알고 재료를 선택하는 데 익숙해지면서 라이프스타일에 녹여내기도 쉽다. 집에서 채소를 기르는 데서 시작해도 좋고, 더 나아가 채소를 기를 흙 만들기부터 시작해도 좋다.

농사는 자연 순환에 참여하는 티켓이다

현재 인류의 중요한 화두인 지속가능성과 관련해 식생활은 미디어로서 중요한 역할을 한다. 나는 소니 컴퓨터과학연구소의 프로젝트를 지원하고 있는데, 그 팀에서는 '협생농법(協生農法)'이라는 주제를 다룬다. 영어로는 '시네코컬쳐(Synecoculture 혹은 Synecological farming)'라고 하며 땅을 경작하지 않고 비료와 농약 없이 100종류 이상의 채소나 과일나무를 함께 심어 재배하는 농법이다. 식물의 잠재력을 최대한 끌어내면서 하나의 생태계를 만든다.

어떤 땅에 양배추만 대량으로 기른다면 공장에서 단일 제품을 생산하는 것처럼 효율이 높고 생산량도 많을 것이다. 그러나 이런 방식은 장기적으로 토양의 생물학적 다양성은 물론 생산성도 떨어뜨린다. 같은 농지에서 몇 번이나 작물을 재배하면 땅속 영양을 전부 다 흡수해서 땅이 척박해지기 때문이다. 특히 유기농업에서 자주 발생하는 문제다. 한번 척박해진 땅은 한동안 쉬게 하지 않는 이상 원래대로 돌아오지 않는다.

반면, 20~30종류의 채소를 함께 기르면 땅속의 미생물이 다양해진다. 그만큼 작물의 모양은 예쁘지 않고 크기도 커지지 않지만, 땅이 고갈되지 않는 지속가능한 농사를 할 수 있다. 협생농법처럼 다양성이 있는 농지를 만드는 일은 지구에서 사막화를 방지하는 효과도 있다.

사실 가루이자와에 이주한 뒤로 밭을 빌려 협생농법과 기존의 농법을 시도해본 적이 있다. 실제로 농사를 지어보니 작물을 기르는 일은 상상 이상으로 힘들었다. 전업이 아니라서 그렇기도 했지만, 생육 상황에 맞춰 돌보는 방법을 계속 바꾸어야 하고, 여름에는 잡초에 시달린다. 두 달 동안 기른 옥수수를 수확 전날에 까마귀가 다 먹어버리는 일도 있었다. 생산성으로 따지면 전혀 수지가 맞지 않는다.

그러나 밭이나 땅을 일구는 행위가 무의미하지는 않았다. 땅을 만지고 작물을 기르면 '땅에 발을 붙이고 산다'는 게 무슨 뜻인지 알 수 있기 때문이다. 또 다양한 미생물이 사는 흙을 만지면 정신건강에 도움이 된다는 연구 결과도 있다.

실제로 팬데믹 기간에 집에서 채소 기르기를 시작한 사람이 많았다. 최근 조사에 따르면 집 안에서 미니 텃밭을 만든 경험이 있는 사람은 대상자 중 46퍼센트로 거의 절반에 달하는데, 그중 3분의 1은 코로나가 유행하고 나서 시작했다고 한다.[4]

하지만 농사를 생활의 일부로 삼기 어렵다거나 현실적이지 않다고 느끼는 사람도 적지 않을 것이다. 그런 경우 시라카와 마을의 사례를 힌트 삼을 수 있다.

나는 기후현 시라카와 마을에서 유기농 채소 농가에 농업 지원을 하는 비영리조직 '유키하트넷'의 비전 만들기를 돕고 있다. 시라카와 마을은 농가의 40퍼센트가 유기농업을 하는, 전국에서도 찾아보기 힘든 마을이다. 일본은 세계적으로도 화

학비료나 농약을 많이 사용하는 나라다. 일본에서 생산한 농작물은 유럽이나 미국 유기농 기준에 맞지 않는 경우도 있기에 농림수산성에서는 향후 2050년까지 유기농업 농지를 전체의 25퍼센트로 늘리겠다는 정책을 내놓기도 했다. 이런 배경에서 시라카와 마을은 농업의 미래를 보여주는 선진 지역이라고 할 수 있다.

시라카와 마을 유기농업 농민들의 이야기를 들어보면 동일본대지진을 겪으면서 '먹을거리 안정화'나 '지속가능한 라이프스타일'을 목표로 이주해온 사람이 많다. 자기가 먹을 만큼만 생산하는 사람도 있고, 어느 정도 규모 있게 농사를 지어 전국에 택배 판매를 하는 사람도 있다. 공통점은 농업은 어디까지나 베이스일 뿐이라는 것이다. 1년의 절반, 농사를 지을 수 없는 기간에는 북유럽식 사우나를 설계하는 사람, 수제 맥주를 만드는 사람, 유기농 퇴비 학교를 여는 사람, 유기농 채소를 사용한 출장 레스토랑을 여는 사람 등 많은 이들이 자신만의 라이프스타일을 표현하는 데서 즐거움을 찾는다.

시오미 나오키 씨는 2000년대 초반 《반농반X의 삶》을 출간했는데, 시라카와 마을의 유기농업 농민들이야말로 '반농반X'를 사는 사람들이다. 각자가 자급자족하면서 산과 들을 무대로 자기들이 좋아하는 일을 즐기고 있는 모습이 그려진다.

그들에게 농업이란 땅에 발붙인 삶의 토대인 동시에 자연을 무대로 무엇이든 만들어내는 창의노동자로서 사는 방법이다. 지속가능성이 필요한 시대의 선두를 달리는 삶일지도 모른다.

그렇게 생각하면 나 같은 초보자도 식문화를 알리는 미디어가 될 수 있다. 생산자와 소비자 사이에서 나와 같은 '1인 미디어'가 양쪽을 잇는 가치를 만들어낼 수 있을 것이다.

미니 텃밭에서 시작해도 좋고, 베란다에서 화분 재배를 해도 좋다. 최근에는 '컴패니언 플랜트(Companion plant)'라고 하여 서로 다른 종류의 채소를 섞어 심어 병충해를 방지하거나 성장을 돕는 재배 방법도 인기다. '공영작물' 혹은 '공존작물'이라고도 불린다. 잡초를 뽑을 일도 줄어들고 어느 정도는 그냥 놔둬도 재배할 수 있어 본업을 하면서 가볍게 농사 체험을 할 수 있다. 처음에는 너무 힘들이지 말고 흙이나 농사 같은 분야를 '나만의 미디어'로 보고 접근해보자.

나도 올해는 넓은 밭 대신 마당 한쪽에 1평짜리 재배지를 만들어 다시 한 번 농사에 도전해보기로 했다. 사쿠시의 '1평 농원 지원 프로젝트' 덕분이다. 텃밭 농사라는 소중한 문화를 널리 퍼뜨리기 위해 애쓰는 사람이 있다는 사실이 새삼 감사하게 느껴진다.

요리, 육아하며 찾은 새로운 기쁨

여기까지 읽은 독자 중에는 내가 오랫동안 식생활에 관한 고민을 해왔으리라 생각하는 분들도 있을 텐데, 그렇지는 않다. 혼자 살던 시절부터 외식으로 식사를 해결하던 나는 거의 요리를 하지 못했다. 요리를 시작한 것은 둘째가 태어난 지 1년쯤 지나 육아휴직을 내면서다.

당시 회사 대표를 맡고 있던 나는 과감하게 2개월의 육아휴직을 신청했다. 5년 가까운 시간을 육아에 쏟아온 아내에게 본인이 하고 싶은 일을 고민할 여유를 주고 싶었기 때문이다. 마침 그즈음 쿡패드에서 들어온 일도 있어서 요리에 관심이 생기기도 했다. 하지만 바로 요리를 시작할 엄두는 나지 않았기에 도구부터 갖춰보기로 하고 스타우브 냄비를 구입했다. 스타우브 냄비는 굉장한 것이, 요리 스킬이 거의 없어도 냄비에 넣고 시간만 들이면 그럭저럭 먹을 만한 요리가 완성된다. 육아휴직 중에 이 냄비로 물 없이 하는 요리를 이것저것 만들며 요리하는 기쁨을 누렸다. 무엇보다 가족들이 좋아하기에 더 기뻤다.

어느 집이나 마찬가지겠지만 아이가 태어난 후 부부의 육아 및 가사 분담은 많은 고민을 불러온다. 특히 아이가 어릴 때는 아빠 쪽은 상대적으로 도움이 되지 못한다는 무력함을 느끼는 경우가 많으리라 생각한다. 나도 쓰레기 버리기, 설거지, 청소, 어린이집 등·하원 등을 맡아서 했지만, 이것들은 최소한 해야 하는 일의 분담일 뿐이다. 그러나 요리는 달랐다. 맛있는 요리를 만들어주면 아내가 기뻐한다. 아이도 (맛이 있다면) "아빠, 맛있어!"라고 말해준다. '가끔 요리하는 사람의 음식'이라는 희소성 때문일지도 모르지만, 남자에게 요리란 가족을 기쁘게 할 수 있는 얼마 없는 기회인 셈이다. 특히 일을 중심에 놓고 살아온 사람은 요리를 배워보면 인생이 더 풍족해지리라 생각한다.

도쿄에 살던 때는 시간이 없어 규동집 같은 패스트푸드점에서 10분 만에 식사를 해치우고 일로 복귀하는 것이 일상이었다. 어떤 때는 배달을 시켜 일을 하면서 먹기도 했다. 지금 생각해보면 삭막하고 재미없는 식사 풍경이지만, 무한 경쟁적인 노동환경 속에서는 이상하다고 생각하지 못했다. 이런 생활은 10분, 20분이라는 시간마저 쥐어짜서 일을 해야 한다는 심리에서 만들어진다. 시간을 절약해야 한다는 강박과 패스트푸드나 배달 음식으로 끼니를 '때우는' 행위는 한 세트라고 할 수 있다. 일하는 방식이나 생활 스타일, 그리고 '자신의 시간을 사는 법'은 식생활의 형태와도 밀접한 관계가 있다.

가루이자와로 이사한 후로 내 요리 생활에는 새로운 습관이 더해졌다. 쿡패드가 제공하는 요리 코칭 서비스를 통해 요리 영상을 촬영해서 셰프에게 피드백을 받는 것이다. 가스레인지나 인덕션 위에 전용 카메라를 설치하면 요리하는 과정이 자동으로 촬영되어 클라우드에 저장된다. 한 달에 세 번 같은 메뉴를 만들며 셰프의 조언을 들을 수 있다. 메뉴는 마음대로 고를 수 있는데 나는 마파두부, 삼계탕, 파에야 등 내가 좋아하고 먹고 싶은 요리를 선택해 만들었다. 이 서비스의 뛰어난 점은 따로 요리 교실에 가지 않아도 일상적인 요리를 더 맛있고 재밌게 할 수 있도록 도와준다는 점이다. 고기를 얼마나 센 불로 구워야 하는지, 채소의 수분은 얼마나 빼야 하는지 같은 재료별 조리법을 잘 몰라도 시행착오할 필요 없이 맛있는 요리를 만들 수 있다.

요리는 매일같이 이어지는 온라인 회의에 지친 뇌를 리셋하는 경험이었다. 오디오 프로듀서로 일하는 노무라 다카후미 씨도 이바라기현 남부로 이주한 뒤 일어난 가장 큰 변화는 요리하는 빈도가 늘어난 것이라고 했다. 재택근무로 집에 있는 시간이 늘면 직접 요리할 기회가 많아지는데다, 지방에서는 외식의 선택지도 적기 때문에 요리가 귀중한 여가 활동이 된다고 생각한다.

식생활에서 시작하는 커뮤니티의 재구축

사람들과 식사를 함께한다는 것은 오랫동안 공동체를 만드는 데 기본적인 행위로 여겨졌다. 지역 공동체가 활성화됐던 옛날에는 이웃집에서 밥을 먹고 집에 오는 일도 흔했다. 밥을 같이 먹는 행위 자체가 지역 공동체 형성을 위한 강력한 매개였던 시절의 얘기다.

그런데 사회가 현대화되면서 가족이 식사를 함께하지 않는 경우가 많아졌다. 편의점이 생기고 밤늦게도 끼니를 살 수 있게 되면서 가족 구성원이 따로따로 밥을 먹게 된 것이다. 식사는 사람 사이를 연결하는 역할을 해왔으나, '식생활의 개인화'라는 추세에 호응하듯이 공동체 내에서 교류도 줄어들었다. 그런데 상황이 바뀌어 이제는 집에서 지내는 시간이 늘고 같은 식탁에 앉는 일이 늘었다. 가족이라는 커뮤니티가 재구축되는 계기를 만들어줬다고 할 수 있다.

가루이자와로 이주하고 일어난 변화 중 하나는 지인의 집에 오가고 서로 집밥을 대접하는 일이 늘었다는 것이다. 도쿄에 살 때는 아무리 친한 사이라도 집에 초대하거나 초대받아 가는 데 심리적인 벽이 높았다.

가루이자와에는 도쿄처럼 부담 없이 가족끼리 먹으러 갈 장소가 적다는 사정도 있다. 가볍게 한잔하러 갈 수 있는 술집도 별로 없고, 차로 이동하기에 술을 마시려면 대리운전을 불러야만 한다. 그래서 가족 전체가 서로의 집을 방문하는 경우가 많다. 당연히 밥을 같이 먹게 되므로 아직 덜 친한 사람과도 관계를 쌓아가기가 수월하다.

먹을 것을 대접하는 행위는 '미디어'로 매개하여 사람 사이의 연결을 만드는 과정에 한 역할을 담당한다. 또 다르게 해석하면, 요리를 대접할 만큼 솜씨가 좋아지면 관계성을 구축하는 데 무기가 될 수 있다. 그런 면에서 요리하는 시간이야말로 '풍요로움을 버는' 시간이라고 할 수 있지 않을까.

시골에서 찾은 새로운 시대의 커뮤니티

이제는 사람을 사귀는 방식이 극적으로 변화했다는 데 이견을 가진 사람이 거의 없으리라 생각한다. 재택근무로 외식 빈도가 줄어들자 소위 '필요에 의한 사교'도 감소했다. 닛세이 기초연구소의 '신종코로나로 인한 생활의 변화에 관한 조사'에 따르면, 응답자의 약 40퍼센트가 가족이나 친구와의 대면 소통이 줄어들었다고 했는데, 그중 3분의 1 정도는 가족, 친구와 거리가 멀어지지 않을까 불안하다고 답했다.[5]

펜데믹이 끝나면서 각종 규제도 해제되고 회식 등의 모임이

다시 활발해졌지만, 사람과 사귀는 일이 자신에게 어떤 의미인지, 어떤 커뮤니티에 소속되고 싶은지를 많은 사람이 고민해본 이상 완전히 예전과 같은 교류 방식으로 돌아가지는 않을 것이다.

일본은 버블 경제 붕괴 후에도 2000년 무렵까지는 회사를 자신이 속한 공동체로 여기는 사람이 많았다. 그러나 업무 방식이 변하면서 직장을 공동체라고 생각하지 않는 사람이 점차 더 많아졌다. 대신 코로나 팬데믹 이전 15년가량은 '커뮤니티'가 유행했다. SNS의 등장으로 독특한 주제 아래 사람이 모이기 쉬운 환경이 된 덕이 컸을 것이다. 직장과 집 외에 모일 수 있는 제3의 장소, '서드 플레이스'에 대한 니즈도 급격히 퍼져 나갔다.

다만, 이때의 커뮤니티는 따지자면 직장이나 가정이라는 커뮤니티에서는 전부 내보일 수 없는 솔직한 모습을 드러내는 보완적인 공간으로 여겨졌다고 봐야 한다.

이제 커뮤니티는 '살아갈 의미를 발견하는 장소'로 변화해가고 있는 듯하다. 이어지는 내용에서 지역 커뮤니티에 대해 생각해보려고 한다.

인간의 본질은 '사교'에 있다

일본학술회의 회장 야마고쿠 슈이치 씨는 인간 사회가 '이동할 자유, 모일 자유, 대화할 자유'로 유지된다고 말한다. 이 중 '모여서 대화한다'는 것은 '타인과 관계를 맺는다'는 뜻이다. 인간에게는 타인과 관계를 맺는 일이 행복감이나 삶의 보람을 좌우할 정도의, 본능과 같은 요소인지도 모른다.

최근 몇 년 사이 자가격리를 경험하고, 재택근무가 확산되면서 가족과 한집에 사는 사람들은 함께 보내는 시간이 늘었을 것이다. 일본에서는 오랫동안 일은 남편이, 육아와 가사는 아내가 담당하는 가족 형태를 전제로 장시간 노동이 정당화되어 왔다. 특히 현재 50대 이상 세대에서는 남성들은 일에 매진해야 하므로 늦게 귀가하는 것이 당연하고, 육아는 주말에만 하면 된다는 인식이 컸다. 가사 및 육아는 부부의 공동책임임을 강조하는 시대가 왔는데도 현실적으로 일에 바쁜 남성이 가족과 시간을 보내기는 어려웠다. 아이가 어릴 때 어린이집 등하원을 담당하는 정도가 고작인 사람이 많았으리라.

하지만 재택근무 시대에는 가족과 지내는 시간이 늘어난다. 눈 깜짝할 사이 자라는 아이들과 시간을 더 보낼 수 있게 되었고, 부부가 함께하는 시간을 내기 쉬워졌다. 일본도 이제는 가족과 일을 동등하게 고려하는 추세다.

그런데 가족 중심으로의 변화에는 단점도 있다. 가족과 오래 부대낄수록 정신적으로 힘들어지는 사람도 있기 때문이다. 기본적으로 가족 관계는 적당한 거리를 유지하는 편이 오래 지속되기 쉽다고 생각하는데, 집에만 있으면 아무래도 가족과의 거리가 너무 가까워진다. 그래서 가족 구성원이 각자의 시간을 확보할 필요성도 있다. 가족과 함께하는 시간이 길어질수록 가족 관계를 잘 유지시켜줄 장치가 필요하다.

가장 좋은 방법은 가족 단위로 친구 혹은 지인과 교류하는 것이라고 생각한다. 도쿄에서는 지인의 집에 방문하기가 심리적으로 부담스러웠다. 아무리 친한 친구라도 집까지 왕래하는 것은 주저하게 된다. 그러나 가루이자와에서는 딸이 친구 집에 자러 간다거나, 다른 가족을 집에 초대해 식사를 대접하는 일도 잦아졌다. 지방에서는 집이라는 사적인 공간에 서로 자주 오가기 때문에 자연스럽게 깊은 관계가 맺어진다.

공적이며 동시에 사적인, 가정도 일터도 아닌 '서드 플레이스'라 할 만한 커뮤니티가 내가 사는 마을에는 여럿 존재한다. 그런 자리에서는 직함은 내려놓고 사람 대 사람으로 교류한다. '전략 디자인 회사 대표 사소 씨'가 아니라 '같은 마을에 사는 사소 씨'로서 인간관계가 맺어지는 일이 늘어났다.

나가노현 미요타 마을에는 창의적인 일을 하는 사람이 많이 이주해왔다. 이곳에서는 옛 동사무소 터를 빌려 아이, 어른 할 것 없이 이용 가능한 '미요타 광장'을 만드는 프로젝트가 진행 중이다. 공적인 공간에 사람들을 연결해주는 장소를 만들기 위해서 많은 주민이 무보수로 참여한다.

야마고쿠 슈이치 씨는 "인간을 인간으로 만드는 본질은 사교(Socializing)에 있다."고 했다. 사교에는 장소와 그 장소에 맞는 규칙이 공유되며, 같은 장소에서 같은 리듬이 공유되면 '동기화'가 일어난다. 모인 사람들이 하나가 된 듯한 느낌을 받을 수 있는 자리가 사교이며, 사교함으로써 인간답게 살 수 있다는 의미다. 라이브 공연장에서 서로 모르는 사람들이 음악 리듬에 함께 몸을 맡기며 일체감을 느끼는 경우가 쉬운 예일 것이다.

"개개인의 정체성도 사교 속에서 발현됩니다. '나다움'이란 내가 일방적으로 제시해서 만들어지는 것이 아닙니다. 사람들이 서로를 인지하고 기대하면서 서로에게서 '그 사람다움'을 발견하고, 자연스럽게 '이 사람이라면 뭔가 할 수 있겠다', '이 일에 협력해주세요'라고 말 붙이기 쉬운 분위기가 되어서 정체성이 만들어집니다. 그렇게 될 수 있는 사교를 해나갈 필요가 있습니다."

나는 이 얘기를 듣고 인간이란 근본적으로 가족 말고 다른 형태로도 삶의 리듬을 공유할 수 있는, 교류를 원하는 존재라고 생각했다.

커뮤니티는 웰빙 향상에도 관계가 있다. 사람은 커뮤니티에 소속됨으로써 행복감을 얻을 수 있다. 아무리 수입을 늘려도 돈에서 얻을 수 있는 행복에는 한도가 있다. 연봉 800만 엔을 넘으면 행복감은 그 이상 늘어나지 않는다고 한다. 더 행복하고 싶다면 몸과 마음의 건강을 유지하는 동시에 커뮤니티에 소속될 필요가 있다.

서드 플레이스에서 두 번째 고향을 만들다

지역 커뮤니티에 서드 플레이스를 만들면 마치 고향이 또 하나 생기는 것 같다.

디자인 컨설팅 업무로 나가노현 하쿠바 마을에서 비전 만들기에 참여한 적이 있다. 하쿠바 마을 관광국의 주최로 환경문제에 관심 있는 40여 명의 주민들과 자원순환기술을 보유한 사업자가 함께 '지속가능한 2030년의 하쿠바 마을' 비전을 만드는 프로젝트였다. 하쿠바 마을의 인구는 9,000명 정도로, 비전 만들기의 결과가 마을 사람 한 명 한 명에게 피부로 와닿을 수 있는 규모다. 이 프로젝트를 계기로 주민들과 친해져서 마을의 상징적인 시설 '랜드스테이션 하쿠바'의 주말 장터에서 우연히 만나면 인사를 해주기도 한다. '그 장소를 공유했던 사람들을 만나러 또 하쿠바에 가고 싶다.' 그런 생각이 들었던 경험이었다.

나의 사례처럼 지역 활성화에 참가하면 커뮤니티를 넓힐 수 있다. 다른 지역에 사는 사람이 어려운 일을 도와주면서 생활권에 참여하면 주 거주지 외에도 '또 하나의 고향'이 생긴다. 두 번째, 세 번째 고향이 생기는 경험은 삶에 풍요로움을 더한다.

이미 인간관계가 쌓여 있는 지역에 찾아갈 때의 느낌은 관광객으로 방문할 때와는 확실히 다르다. 친구나 지인이 있는 고향에 돌아가는 느낌에 가깝다.

디자인 이노베이션 회사 Takram의 오가타 히사토 씨의 사례를 보자. 그는 현재 나가노현 미요타 마을에 살고 있는데, 이전에는 여름마다 홋카이도 니세코에서 한 달씩 지내곤 했다. 지진 때문에 니세코를 찾았다가 매력을 느끼고 10년 동안이나 오가게 되었는데, 처음에는 그렇게까지 니세코와 인연을 맺게 될 줄은 전혀 예상하지 못했다고 한다. 사실 오가타 씨가

10년이나 니세코를 찾은 이유는 현지 사람들과의 관계에 있었다. 우연히 현지 베이글 가게 사장과 친해진 후 점점 사람을 만나기 위해 니세코를 찾았는데 그때마다 고향에 돌아가는 기분이었다. 그러다 보니 현지 농장의 브랜딩을 도와주는 등 커뮤니티에 대한 공헌도 하게 됐다. 오가타 씨는 "니세코를 오가면서 내가 얼마나 '도쿄'라는 편향된 잣대로 세상을 보고 있었는지 깨달았습니다."라고 말한다. 그 10년의 경험이 있었기에 가족이 다 함께 나가노로 이사할 때도 부담감이 없었다고 한다.

고향의 조건은 한정된 범위 안에 아는 사람이 일정 수 있는 곳이다. 오가타 씨처럼 현지에 거주하지는 않아도 '관계인구(지역으로 완전히 이주하지는 않았으나 관광객보다는 더 자주 방문하는 사람-옮긴이 주)'로서 제2, 제3의 고향을 만드는 것도 좋다.

다만, 커뮤니티로부터 일방적으로 얻기만 하면 서로 편한 관계가 될 수 없다. 가능한 범위에서 커뮤니티에 공헌하는 것이 중요하다. 사람들은 베푸는 사람에게 모여드는 법이다.

커뮤니티는 '기브 앤 기브'의 결과로 생겨나고 발전한다. 사람을 적극적으로 소개해주고, 사람과 사람 사이를 연결해주는 역할로 공헌할 수도 있다. 커뮤니티의 허브 역할을 담당할 수 있다면 그곳은 당신에게 편안한 쉼터가 될 것이다.

지방자치 선거는 커뮤니티 참여의 첫걸음

지역 커뮤니티에 소속될 때는 뭘 얻고 싶은가보다 얼마나 참
여할까를 생각해야 한다. 그런데 막 이주한 사람은 뭘 할 수
있을지 몰라서 공동체에 도움을 주기가 망설여질 수도 있다.
그럴 때 가장 먼저 할 수 있는 일이 있다. 바로 선거다. 선거에
참여해 자치단체장을 뽑는 일은 누구에게나 부여된 권리이자
지역 활성화에 참여하는 좋은 방법이다.

　가루이자와로 이사하고 1년 정도 지나 지자체장 선거가 있
었다. 가루이자와의 인구는 2만 명이니 단순히 계산하면 내
표는 2만 분의 1. 전에 살던 도쿄 세타가야구는 93만 명이었
으므로, 나의 한 표가 이제는 거의 50배나 더 큰 영향력을 갖
게 됐다.
　보통 선거는 기간이 정해져 있고, 입후보자들은 대개 모르
는 사람이기 때문에 나를 대표할 사람을 선택한다는 느낌을
받기 어렵다. 그러나 국정 선거와 다르게 자치단체의 장을 뽑
는 선거는 내가 사는 지역을 맡길 대표를 선택하는 일이라는
실감을 쉽게 할 수 있다. '지방자치는 민주주의의 학교다'라는
말이 있는데, 처음 지방에서 수장을 뽑는 선거에 참여하면서

그 뜻을 절실히 느꼈다.

특히 당시 선거에서는 4선을 노리는 현직 자치단체장과 세 명의 대항마가 출마해서 주목받았다. 선거 기간 중 편집자 지인은 자신의 직업을 살려 프로보노(Probono, 전문적인 지식이나 서비스를 공익을 위해 무료로 제공하는 일-옮긴이 주)를 실천했다. 마을 중심부 공용 공간에 후보자를 한 명씩 초대해서 인터뷰를 하고, 인스타그램 라이브로 방송하여 후보자의 비전이나 정책을 알기 쉽게 전달하는 역할이었다. 누구나 이 지인처럼 후보자 인터뷰가 가능하지는 않겠지만, 인터넷 중계를 위한 인프라 정비나 장소 섭외 등 자기 본업을 살려 지원할 수 있는 분야는 얼마든지 있다. 지방자치에서는 투표 외에도 공헌할 방법이 많다는 것을 보여주는 사례다.

나중에 시행된 통일지방선거 정(町)의회 의원 선거에는 같은 학교에 아이를 보내는 보호자가 후보로 나오기도 했다. 지금까지 정치참가 행위라 하면 투표 정도만 떠올렸지만, 지방자치에서는 이렇듯 더 적극적으로 정치에 참여하여 지역을 더 좋은 곳으로 만들 수 있다. 주민들이 '비전 만들기워크숍'을 개최하는 곳도 있으므로 기회가 있다면 참여해보자. 그런 기회가 없다면 같은 뜻을 가진 사람들과 지역의 핵심 인물을 포섭하는 방법도 있다.

지역 커뮤니티 참여는 그 지역에 소속감을 느끼게 해주며 더 도움이 되고 싶다는 의욕도 불러일으킨다. 웰빙에 대한 연구 결과에 따르면, 사람들은 소속감을 느낄 때 삶이 더 풍요롭다고 생각한다고 한다. 지방으로 이주하는 것은 이런 소속감과 삶의 만족감을 찾는 중요한 과정이라고 할 수 있다.

도시의 시간 감각을 가져오지 말 것

물론 이주 과정에서 긍정적인 경험만 하는 것은 아니다. 가장 흔한 문제는 지역에 적응하지 못하는 것이다. 솔직히 말하자면 나는 이사한 뒤 1년 정도는 외로움을 느낄 때가 더 많았다. 다만 나는 사는 곳이 바뀔 때마다 첫 1년은 어느 정도 외로움을 느끼는 성향이기에 장소의 문제는 아니다. 이와 반대로 새로운 땅에 금방 적응하는 사람도 있다.

이주에 성공하는 경우를 보면 두 가지 패턴이 있다. 하나는 커뮤니티의 허브 격인 사람과 친해지는 것. 이주의 최대 난점은 기존 거주민과의 관계 맺기다. 이주자가 많고 활기찬 지자체에는 그 지역의 '중개자'가 되어주는 사람이 있다. 이런 사람과 친해지면 일을 찾을 때 누구를 만나야 하는지, 집에 대해서 잘 아는 사람은 누구인지 소개받기가 편하다. 그런 중개자가 있는 지역에는 자연스럽게 녹아들 수 있다.

'살고 싶은 곳을 구독한다'는 콘셉트로 여러 지역살이를 지원하는 ADDress라는 플랫폼이 있다. 이 사업을 개발한 이케다 료헤이 씨도 그런 인물을 만나고서 가고시마 이주를 결정했다. 지역 경영자들이 모이는 시민단체 이벤트에 참가했다가 일을 받아 아무 연고도 없는 가고시마에 다니는 동안 허브 역할을 하는 사람을 만났고, 그를 통해 재미있는 사람들을 더 많이 알게 되면서 일사천리로 이주했다고 한다(이후 그는 지역 회사인 코비라 주식회사의 인사책임자가 되었다).

또 다른 패턴은 처음부터 커뮤니티에 소속되는 것이다. 주로 자녀를 통해 친해지는 경우인데, 아이가 다니는 학교를 통해서 지역 커뮤니티와 접점을 갖게 되는 것이다. 나 역시 이런 방법으로 지역 커뮤니티에 동화될 수 있었다. 이주 초기에 잘 맞는 커뮤니티에 들어갈 수 있느냐 없느냐에 따라 이주의 성패가 좌우되는 듯하다.

아울러 이주한 지역에 적응하기 위한 포인트를 몇 가지 살펴보자. 나도 이주한 지 오래되지 않았기 때문에 대단한 조언은 할 수 없지만 적은 경험이나마 피부로 느꼈던 점들을 공유하고 싶다.

'로마에 가면 로마 법을 따르라'는 격언은 현대에도 유효하다. 먼저 이주해서 자리 잡은 부동산 중개인에게 이런 조언을 들은 적이 있다.

"도쿄의 시간 감각을 가져오려고 하지 마세요. 도쿄와 가루이자와는 시간이 흐르는 속도가 다릅니다. 가루이자와에서는 만사를 시간이 정리해주는 면이 있으니, 도쿄의 시간 감각을 버려야 지내기 편할 거예요."

예를 들어보자. 땅을 구입할 때는 근방 주민과 갈등이 일어나기 쉽다. 도시에서의 습관대로라면 법적이고 합리적인 수단으로 시시비비를 따져 빠르게 해결하고 싶겠지만, 그런 방법이 통하지 않는 커뮤니티도 많다. 조급해 하지 말고 천천히 시간을 들여 설득하는 것이 원만한 해결을 위한 지름길이다.

시간의 흐름이 달라서 생기는 장점도 있다. 이사하고 도쿄와 가루이자와를 오가기 시작하면서 업무의 일환으로 회사 직원을 가루이자와로 초대할 때가 있다. 평소와는 다른 편안한 환경에서 같이 시간을 보내면 관계를 재정립할 수 있다는 느낌이 든다. 직원이 단순히 업무 동료가 아닌 친구처럼 느껴지고, 반대로 직원이 보는 나도 도쿄에 있을 때와는 다른 느낌일 것이다. 사석에서 만나듯 편하게 교류함으로써 관계가 깊어지고 상대를 더 잘 이해할 수 있다. 이미 알던 사람과도 새로운 느낌으로 만날 수 있다는 것은 도시 밖에 거점을 만들었을 때만 가능한 큰 이점이라고 생각한다.

아이들도 '여백'이 필요하다

'우리 아이의 교육을 어떻게 하지?' 이것은 자녀가 있는 집에서는 모두 하는 고민이다. 우리 가족도 마찬가지였다. 이사할까 하는 마음을 먹었을 때 딸은 유치원생이었고 아들은 어린이집에 다니고 있었다.

팬데믹을 계기로 감수성이 풍부한 어린 시절에 아파트의 좁은 방 대신 넓은 자연 속에서 뛰놀며 자라게 해줄 수 있다면 좋겠다는 생각이 들었다. 이것이 이주의 결정적인 이유였다. 물론, 이 외에도 우리 부부가 함께 논의하고 공유해온 교육 방침을 충분히 고려했다.

- 아이는 스스로 판단하고 스스로 선택할 '자기결정권'을 가지고 있다.
- 초등학교 때까지는 과도한 경쟁을 시키지 않는다. 10살 정도까지는 자기긍정감을 키우는 데 집중하고, 경쟁은 중학교 이후에 시작하면 된다.

이런 교육 방침을 세운 우리 부부에게는 도쿄를 떠나 가루이자와에서 아이들을 키우는 것이 합리적인 선택이었다. 가루이자와는 교육에 관심이 많은 부모들이 모인 곳이기도 한데, 먼저 자리를 잡은 이주 선배에게서 들은 말도 최종 결정에 도움을 주었다.

"어느 학교에 들어가든 가루이자와의 자연환경 속에 사는 것 자체가 교육에 크게 도움이 될 거야. 나가노현은 전통적으로 공교육 질도 높고, 정서교육을 중요하게 여기는 곳이거든. 전에는 싱가포르에서 아이 교육을 시켰는데, 일본에서 고른다면 나가노가 좋다고 생각했어."

가루이자와에는 아이들의 자율성을 중시하며 학년의 경계를 넘는 독특한 교육을 하는 가자코시학원과 가루이자와 국제학교라고도 불리는 '유나이티드 월드 컬리지 ISKA 재팬'이 있다. 인근의 사쿠호마치에는 예나플랜 교육(Jena-Plan Education, 개별 학생의 발달을 중시하며 협력과 공동체 의식을 바탕으로 한 교육을 지향한다-옮긴이)을 하는 오히나타 초·중학교도 있다. 모두 선진적인 교육기관이다. 우리는 이런 환경을 보고 이주를 결정했다.

누가 아이들의 '여백'을 빼앗고 있나

실제 도쿄를 중심으로 사립이나 국립 중학교 입시는 놀랄 만큼 과열되어 있다. 〈주간 다이아몬드〉 2022년 4월 23일호에는 "유례없이 치열해진 중학교 입시! 더 어려워지는 학교와 학원 선택"이라는 제목의 기사가 실렸다. 기사에 따르면 수도권의 2022년 입학시험 응시자 수는 사립과 국립을 합산하여 51,000명(수도권 모의고사 센터 조사)이었으며, 응시율도 높아 사상 처음 17.3퍼센트로 집계되었다.

중학교 입시학원 체인 니치노켄의 데이터에 따르면 도쿄도의 응시율은 30.8퍼센트에 달한다. 응시율이 높아졌다는 것은 당연히 합격률은 떨어졌다는 뜻으로, 2022년 입시에서 전체

합격률은 80퍼센트대 초반까지 떨어졌고, 여학생의 합격률도 급락하여 100퍼센트 미만이 코앞이라고 한다. 실제로 도쿄에서는 초등학교 3학년 정도부터 학원에 다니는 아이들을 쉽게 볼 수 있다. 내가 어릴 때에 비해서 입시 경쟁이 더 일찍 시작된 것이다. 이런 상황에서 어른들은 아이들의 교육을 어떻게 바라보면 좋을까?

나는 몇 년 전에 《쓸모 있는 생각 설계》라는 책을 출판했는데, 놀랍게도 학교 선생님들이 많은 호평을 보내주셨다. 이 책은 '공상 → 지각 → 재구성 → 표현'이라는 과정으로 비전을 구체화하는 방법에 관한 것이다. 학교 현장에는 아이가 내면에 간직한 비전을 끌어내고 싶어 하는 선생님이 많다. 그러나 지금까지의 교육과정에는 개개인의 비전을 표현하는 수업이 별로 없었다. 그래서 시작된 것이 'VISON DRIVEN EDUCATION: 희망을 만드는 교육'이라는 활동이었다. 현장의 선생님들과 교육의 미래를 위해 협력할 수 있는 일은 뭐가 있을지 대화하던 중 아이 스스로 '공상'을 통해 진심으로 원하는 미래의 비전을 그릴 수 있도록 학교나 가정에서 지원해주자는 아이디어가 나온 것이다.

이 활동을 통해 급격히 변화하는 학교의 모습을 목격하면서 교육에 대한 가치관이 변하고 있음을 느꼈다. 크게 나누면 다음 세 가지다.

1. 여전히 교육의 기본 시스템은 한 명의 선생님이 수십 명을 동시에 가르치는 방식이지만, 그 속에서도 학생마다 다른 학습 지도가 필요하다.
2. 디지털 교육이 확산되면서 개인 맞춤형 교육이 실현되는 한편, 학교라는 현실 공간에서는 신체감각이나 감성을 키우는 교육이 더 주목받고 있다.
3. 주입식 교육보다는 자유롭고 학생 본인다운 방식으로 학습할 수 있도록 '여백'을 주거나, 창의적인 교육이 필요하다고 생각하는 보호자가 늘었다.

이 중에서도 3번 '여백'의 문제는 심각하다. 교육 현장의 선생님들과 이야기해보면, 그들도 아이들에게 '여백'을 확보해주는 것이 긴급한 과제라고 인식하고 있다. 계속 늘어나는 학습 포인트를 따라가면서도 교과 학습을 통합하는 등 아이에게 '여백'을 만들어주려고 노력하는 선생님이 많다. 도쿄의 어느 명문 부속학교의 경우 종합학습 시간에 STEAM교육(과학·기술·공학·예술·수학 교육 분야를 총칭하는 말)을 도입하는 등 주입식으로 치우치지 않는 교육을 모색 중이다.

그러나 한편으로 부모 입장에서는 학교 교육만으로는 진로가 불안하다며 초등 2~3학년쯤부터 아이를 학원에 보내는 일이 당연시되고 있다. 저학년 때의 학원 경험은 어린이의 심리 발달에 큰 영향을 미친다. 아이들은 대략 초등 4~6학년 무렵에 자아가 발달한다고 한다. 그전까지 '울트라맨'이나 '프리큐어(마법소녀 애니메이션)' 같은 판타지 세상에 살던 아이들이 '남이 보는 나'를 의식하면서 '나는 누구지?', '다른 애들과 나는 어떻게 다를까?'라는 물음과 함께 자아정체성을 깨닫기 시작한다.

그런데 학원에 다니면 '성적표'라는 잣대를 기반으로 한 가치관에 익숙해진다. 정체성을 형성하는 시기에 접어들자마자 타인 중심의 가치관, 즉 사회의 기준을 강제적으로 적용받는 것이다. 이것이 일본 교육에 깊이 뿌리박혀 있는 구조다.

예술이나 디자인 등의 창의 교육은 자기 자신을 깊이 이해하고 '나다움'을 만드는 데 중요하다. 그러나 기존 학교 교육은 그림, 공작 등을 가르칠 때도 기본적으로 '기술'을 가르치는 데 주력한다. 창의 교육을 기술 교육으로 접근한다면 잘하는 아이와 못하는 아이로 나뉠 수밖에 없다. '못하는 아이'는 수업이 어려울 테고 '나는 창의성이 없어. 나하고는 안 맞아'라고 단정하게 된다.

창작 활동에 있어서 어린 시절에는 자기가 상상한 것을 만들어보고 그 작품을 칭찬받거나 인정받음으로써 자신감을 얻는 경험이 중요하다. 그러나 기존 학교 현장에서는 그런 기회를 얻기 어렵다.

지금의 학교 교육에서는 주제를 탐색하고 뭔가를 만들어내는 창조적인 경험을 할 수 없으며, 아이들은 그런 경험 없이 입시 경쟁에 돌입한다. 대학교에 들어가 여유가 생겼다 싶으면 취직을 위해 자신을 마케팅해야만 한다.

이런 프로세스로는 '나는 쓸모 있는 사람인가'라는 타인의 잣대로밖에 자신을 보지 못하기 때문에 내면에 자신감이 자라날 수 없다.

사실 사회인도 비슷한 문제에 부딪힌다. 나는 교토 조형예술대학과 다마미술대학에서 사회인을 대상으로 예술을 활용한 비전 표현 수업을 담당하고 있는데, 스스로 비전을 만드는 강의를 열었을 때 한 사람이 이런 고백을 했다.

"처음부터 제 손으로 설정한 비전을 남에게 인정받은 경험이 지금까지 한 번도 없었습니다. 나는 나대로 괜찮다고 생각하게 된 건 처음이었어요."

지식이나 학력 면에서 엘리트에 해당하는 사람조차 사회에 나와서야 비로소 진정으로 하고 싶은 일을 깨닫게 되는 것이다.

그럼 어떻게 해야 아이들이 '여백'을 되찾을 수 있을까? 새삼 어려운 문제라고 할 수밖에 없다. 도시에 사는 한, 친구가 학원에 다니면 '나도 가고 싶다'는 또래집단의 압력을 받아 입시 경쟁에 자연스럽게 휘말리는 구조이기 때문이다.

어릴 때의 교육이란 어쩌면 아이 인생에서 단 한 번, 다시 할 수 없는 경험이다. 그러므로 주변에서 일찍부터 입시 공부를 하고 있다면, 우리 아이만은 시키지 않겠다는 선택을 하기 어렵다.

고려해볼 만한 해결책은 또래집단의 압력으로부터 거리를 두는 것이다. 사실 우리 가족이 도쿄를 떠나 가루이자와에 정착한 이유도 아이들 교육에 '여백'을 확보하는 게 가장 중요하다는 믿음 때문이었다. 자아를 기르는 초등학교 시기에 '여백'은 무엇과도 바꿀 수 없다. 자연이라는 광대한 캔버스를 배경으로 입시에 쫓기지 않는 초등학생 시절을 보내는 것이 가장 좋은 교육이 아닐까. 그런 판단이 우리 이주를 뒷받침했다. 그런데 교육에 관한 가치관이 이렇게 확고했음에도 여전히 고민되는 지점이 하나 있었다.

'여백'과 '경쟁'의 균형을 어떻게 잡아야 할까?

아이의 초등학교 시절에 '여백'을 확보해주고 자연에서 뛰놀게 하고 싶다. 그런 바람을 가지고 이주하기로 결정했어도, 고학년이 되면 입시나 진로에 대한 고민이 생기는 것도 당연하다. '열심히 입시 공부를 해보는 것도 인생 경험이 아닌가', '사회에 나가면 싫어도 경쟁을 해야 하니 어릴 때부터 익숙해지는 편이 유리하다'라는 사고방식이 틀렸다고도 생각하지 않는다.

그렇다면 아이 인생에서 어떻게 양쪽의 균형을 잡아주면 좋을까?

내가 운영하는 BIOTOPE는 기본적으로 자기가 하고 싶은 일을 스스로 생각하고, 강점을 키우는 데 시간을 쓰도록 독려하고 있다. 다양성을 중시하면 자연히 일괄적인 잣대가 사라지고 경쟁적이지 않은 환경으로 변해간다. 이러한 환경은 개인에게 압력이 가해지지 않으므로 비교적 억압받거나 무리하게 되는 일이 적고, 서로 배려하는 환경이 된다. 실제로 우리 회사에 직장 내 괴롭힘이나 파벌 싸움 같은 것은 없다(아마도). 이것은 '여백'이 있는 환경의 장점이다.

한편으로 단점도 있다. '여백'이 있는 스타일에 익숙해지면 그렇지 않은 환경에서는 때 곤혹스러울 수 있다. 비즈니스 세계에는 불합리한 일이 정말 많기 때문이다. 주체적으로 사고하고 행동하는 사람은 상사가 '이걸 해라'라며 지시할 때 군소리 없이 '네, 알겠습니다'라고 복종하는 분위기를 불합리하게 느낀다.

'여백' 있는 환경에서 자란 사람이 상명하달식의 조직에 취직하면 '지금까지는 내 의견을 들어줬는데. 이렇게 전혀 안 들어주는 곳이 있다니…'라는 생각이 들어 적응하는 데 어려움을 겪는다. 우리 회사에서 인턴을 한 학생 중에도 사회에 나가서 그런 격차에 직면한 경우가 많다.

자기가 하고 싶은 일을 실현할 수 있는 '여백'이 있는 환경에서 자란 사람은 창의성이나 혁신이 필요한 곳에서는 잘 받아들여진다. 반면, 조직의 톱니바퀴 같은 역할이 요구되는 회사에서는 그렇지 못하다. 나는 사회인으로 성장하고 적응해가는 데 있어서 두 가지 환경 모두에서 성과를 낼 수 있는 능력을 갖추는 것이 중요하다고 생각한다.

양쪽의 격차를 뛰어넘을 수 있는 방법은 둘 사이를 오가며 경험하는 것이다. 내 경험상으로도 교육의 어느 타이밍에서는 경쟁을 해보는 경험이 필요하다. 그리고 경쟁에서 이기기 위해서는 먼저 자기가 하고 싶은 일이나 강점에 기반한 자신감을 키울 필요가 있다. 경쟁에서 이기고 실력이 붙으면 그다음에는 자기가 진정으로 하고 싶은 일을 찾아 실현한다. 이런 식으로 두 세계를 왕복할 필요가 있으며, 어느 타이밍에 어느 세계를 선택할지도 중요하다.

내 교육론에 큰 영향을 준 인물 중 하나는 《제3의 교육— 탁월한 재능은 여기서 태어난다(第3の教育—突き抜けた才能は、こ こから生まれる)》의 저자인 런넷글로벌스쿨 대표 스미타니 도시 키 씨다. 스미타니 씨는 탐구형 교육의 일인자로, 스스로 생각 하고 선택하며 자립적으로 행동하여 인생을 만들어가는 인재 육성을 목표로 한다.

스미타니 씨의 딸은 국민행복도 세계 1위에 대화를 중시하 는 덴마크에서 교육을 받았다. 북유럽식 교육은 초등학교까지 는 아이의 자기긍정감을 키워주는 데 집중한다. 그리고 중학생 이 되면 반대로 철저하게 경쟁시킨다고 한다.

덴마크의 사례를 볼 때, 중학생 이후 입시와 같은 경쟁 환경 을 경험하는 것은 결코 나쁘지 않다. 그 시기는 입시를 할지 말지 스스로 판단해 결정할 수 있는 나이다. 스스로 내린 결 정이라면 열심히 임할 가능성도 높다. 그러므로 본인에게 판단 하게 한 후에는 고등학교 입시든 대학교 입시든 철저하게 할 필요가 있다고 생각한다.

자기다움을 키우는 '아틀리에' 만들기

아이에게 '여백'을 확보해주었다면 그 시간을 어떻게 보내는 게 좋을까?

미래에는 무슨 일이 일어날지 알 수 없다. 엄청난 변화나 고난이 기다리고 있을지도 모른다. 그렇다 해도 그 상황을 헤쳐나가며 살아갈 수밖에 없다. 그러므로 무엇을 하고 싶은지 자기 내면에 묻고, 그것을 구체적으로 표현하는 힘이 꼭 필요하다. '희망을 만드는 힘'이라고 불러도 좋겠다. 아이가 그런 힘을 기를 수 있도록 부모가 해줄 수 있는 역할은 무엇일까? 나의 답은 아이가 표현하고 싶어지는 '캔버스'를 만들어주는 것이다.

이탈리아의 레지오 에밀리아는 감성과 창조성을 길러주는 유아교육으로 이름이 높다. 이 마을에서는 유아학교에 '아틀리에리스타(Atelierista)'라고 불리는 예술 교사가 한 명씩 상주하면서 아틀리에라는 방에서 아이들을 가르친다.

아틀리에는 아이들이 뭔가를 창조하고, 표현하고 싶게 만드는 환경을 말한다. 아틀리에에서 보내는 시간은 '여백' 그 자체다. 그리고 아틀리에리스타는 아이에게 창의적인 자극을 주는 역할을 한다. '이렇게 하면 재미있으니 해보지 않을래?'라는 식으로 질문이나 주제를 던지면서 아이가 이것저것 시도해 보고 싶어지는 환경을 만든다. 아틀리에리스타와 같은 역할을 부모가 해줄 수 있다면 아이의 창의성을 기르는 데도 도움이 될 것이다. 참고로 레지오 에밀리아의 교육은 부모가 프로그램 계획 단계부터 참가하고 아이와 함께 활동하거나 지원하는 것도 특징이다.

결코 아이의 템포보다 앞서서 가르칠 필요는 없다. 부모가 모든 사전지식이 있어야 하는 것도 아니다. 함께 배우고, 조사하고, 재미있어 하면 충분하다. 부모가 할 일은 어디까지나 아이가 새로운 지식과 자극을 만날 수 있는 환경을 만들어주는 것이다. 예를 들면, 집 책장에 책을 가득 채우는 방법도 생각해볼 수 있다. 일반적으로 큰 책장이 있는 집에서 자란 아이는 IQ가 높다고 한다. 일상에서 지식과 만날 기회가 많기 때문일 것이다.

'탐구하는 힘'을 제창한 교육자 이치카와 치카라 씨를 만난 적이 있다. 그는 탐구심에 대해서 이렇게 말했다.

"어른이 되어서도 탐구심이 강한 사람은 집 책장에 책이 많습니다. 일상에서 지식을 접할 기회가 많았기 때문에 탐구하는 힘이 저절로 길러진 것이겠죠."

새로운 지식을 만날 환경만 만들어주면 아이는 언젠가 알아서 관심을 가지고 스스로 탐구할 것이다. 환경을 만들어줘도 처음에는 아이가 별로 관심을 보이지 않아 조바심이 날지도 모른다. 그렇다고 "책 좀 읽어!" 하며 강제하지는 말자.

"이거 하면 재밌을 것 같은데 어때?"라고 말을 걸고, 아이가 하고 싶지 않다고 하면 그 이상은 강요하지 않는다. "하기 싫으면 안 해도 돼." 정도로 부담을 덜어주는 편이 좋다. 아이의 흥미와 관심은 부모와는 전혀 다른 곳에 있다. 만약 아이가 준비한 것에 별로 관심을 보이지 않으면 조금씩 종류를 바꿔보는 것도 방법이다.

아이의 관심사와 함께 그 변화 과정을 파악하는 것도 부모의 역할이다. 아이의 흥미와 관심이 어디에 있는지, 어떤 생각을 하는지를 알면 아이의 내면을 엿볼 수 있다. 그러기 위해서는 기록을 해두면 좋다. 아이가 관심을 보이는 것, 만든 것, 그린 그림 등을 사진으로 찍어서 기록으로 남긴다. 앨범 형태로 정리해두는 방법도 있다. 눈에 보이는 형태로 기록을 남겨놓으면 아이의 내면을 이해하는 데 도움이 되고, 이후 아이도 자신의 관심사를 되짚어볼 수 있다.

지금까지의 이야기를 종합하면, 부모가 할 일은 아이와 함께 시간을 보내며 아이를 관찰하고, 적절한 타이밍에 캔버스를 준비해주는 것이라고 할 수 있다. 아이에게 '여백'을 만들어 주는 방법 중 하나로 또래집단의 압력을 멀리하는 방법이 있 다고 했지만, 꼭 지방으로 이주하지 않아도 쓸 수 있는 방법이 있을 것이다.

혹시 NHK의 〈치코짱에게 혼난다!(チコちゃんに叱られる!)〉라는 프로그램을 아는가? 다섯 살의 치코짱이라는 캐릭터가 소박 한 의문을 던지는 교양 버라이어티 프로그램으로, 대답을 하 지 못하면 치코짱이 "정신 놓고 살지 마!"라고 혼을 낸다. "'다 녀오세요' 하고 인사할 때 손을 흔드는 이유는 뭐야?" 같은 흥 미로운 질문들이 꼬리에 꼬리를 문다.

여기서 인상 깊은 데이터가 소개되었다. "우리 아이와 평생 함께 지낼 수 있는 시간은?"이라는 질문에 대한 답이다. 엄마 와 아이가 함께하는 시간은 평균적으로 약 7년 6개월, 아빠 는 약 3년 4개월이라고 한다. 유치원에 들어갈 때쯤이면 18퍼 센트가 지난 상태고 유치원을 졸업하면 32퍼센트, 초등학교를 졸업할 때는 55퍼센트, 고등학교를 졸업하고 부모를 떠날 때쯤 이면 73퍼센트가 지난다. 나는 아이가 아직 여섯 살과 네 살 이라 늘 나와 붙어 있는 것처럼 느껴지지만, 인생 전체를 놓고 보면 부모가 아이와 함께 있을 수 있는 시간은 정말로 한정적 이다.

과거 미국에서 유학할 때 아이의 자립성을 중시하는 몬테소리 교육의 학교 현장을 조사한 적이 있다. 거기서는 "부모가 학교에 교육을 전적으로 맡겨버리면 좋은 교육은 이루어지지 않는다. 아이, 부모, 학교 셋의 역할 분담을 통해 이루어지는 것이다."라고 강조한다.

그러므로 육아에 집중해야 할 시기에는 일에서는 적당히 페이스를 늦추고 아이와 함께 시간을 보내는 게 맞을 수 있다. 애초에 들어가기만 하면 전적으로 아이를 돌봐주는 학교는 세상에 없다. 학교와 가정이 분담하여 아이의 교육을 어떻게 지원할 것인지가 중요하다.

부모라면 한창 자라나는 아이와 함께 지낼 수 있는 시간이 얼마나 남아 있는지 가늠해보는 데서 시작해보면 어떨까.

가루이자와에서 달라진 육아 환경

이제까지는 자녀 교육 전반에 대해 이야기했다. 다음으로는 나 개인이 일을 줄이고 그 시간만큼 아이와 함께하면서 생활에 어떤 변화가 일어났는지, 학교라는 요소는 물론 자연과 가까운 환경에서 아이를 키우는 것이 어떤 의미였는지 말하고자 한다. 요약하면 다음과 같다.

변화 1. 가족이 함께 있는 시간이 늘었다.
변화 2. 이동수단이 차로 바뀌어 놀러 다니기가 편해졌다.
변화 3. 운동할 기회가 늘었다.
변화 4. 친구 집에 놀러 가는 기회가 늘었다.

첫 번째 변화는 가족이 함께 있는 시간이 늘었다는 것이다. 가루이자와에서 살면 집이나 카페에서 근무하는 일이 많다. 오후 5~6시에는 일을 일단락지은 뒤 어린이집에서 아이를 데려오고, 가끔 저녁밥을 짓는다. 도쿄에서 살던 시절보다 외부 이벤트나 회식이 적기 때문에 가족과의 시간은 자연히 늘어났다.

두 번째는 자동차가 주요 이동수단이 되면서 가족의 이동 범위가 크게 늘어난 것이다. 도쿄에서는 주로 전동자전거를 타고 다녔다. 어린이집을 오갈 때는 물론, 주말에도 자전거로 가능한 범위까지만 놀러 갈 수 있었다. 이제는 이동수단이 차로 바뀌면서 기동력이 훨씬 좋아졌다. 나가노현뿐만 아니라 니가타 같은 인근 현까지 갈 수 있어서 아이들이 체험하는 폭도 넓어졌다. 또한 도쿄에서는 전철 안에서 아이가 울어서 눈총을 받지 않을지 늘 불안했는데, 이제는 그런 걱정이 없어서 스트레스가 덜하다.

세 번째는 운동 기회가 늘었다는 것이다. 지방의 어린이집은 마당이 넓다. 줄넘기, 죽마놀이, 피구 같은 야외 놀이를 할 기회가 압도적으로 많다. 운동회에서 딸이 죽마를 타고 걸어다니는 것을 보고 놀랐다. 근처 공원으로 놀러 가서도 곧잘 나무를 타며 즐거워한다. 코어를 만들고 몸을 쓰는 법을 배우는 데에 좋은 것 같다. 겨울에는 차로 10분 거리에 있는 스키장에 가서 주민 할인을 받아 저렴한 가격으로 초등학생 스키 교실을 이용한다. 1시간 이내로 범위를 넓히면 갈 만한 스키장들이 더 많다. 마치 가까운 동네 공원에 놀러 가는 기분이다. 스케이트도 마찬가지다. 나가노에 살지 않았다면 이렇게 자주 스키나 스케이트를 타러 다닐 수 없었을 것이다. 운동을 자주 하고 추위에도 익숙해지는 환경이라 몸이 건강해질 거라는 기대가 크다.

마지막 변화는 친구 집에 놀러 가는 일이 많아졌다는 것이다. 도쿄에 있을 때는 거의 유치원과 집만 오갔고, 친구와 놀 기회는 근처 공원에서 우연히 만났을 때 정도밖에 없었다. 그러나 가루이자와에 온 뒤로 딸은 자주 친구 집에 놀러 가곤 한다. 아예 자고 올 때도 많다. 영국에서는 하굣길에 바로 친구 집에 놀러 가는 것을 '플레이데이트(Playdate)'라고 한다는데, 딸도 플레이데이트를 빈번하게 하는 것이다. 현관 인터폰이 울려서 문을 열면 아이 친구가 "안녕하세요!" 하면서 갑자기 나타나는 일도 다반사다. 이처럼 자연이 가까운 곳은 육아 환경으로서 장점이 많다.

그런데 교육과 관련해 예상치 못한 단점도 있는데, 다음과 같다.

- 공부에 대한 압박이 적다. 우리 집은 이것을 장점으로 생각하지만, 학력을 키우는 면에서는 경쟁이 부족하다 느낄 수 있다.
- 학원이나 취미 활동의 선택지가 제한적이다.
- 고등학교 이후 상급 교육기관의 선택지가 한정적이다.
- 학교가 멀어서 아이를 차로 통학시키게 된다. 걸을 기회나 친구와 함께 하교하면서 가까워질 기회가 줄어든다.

그래도 아이가 아직 어릴 때는 크게 신경 쓰지 않아도 되는 단점들이다. 사실 자연 속에서 사는 것이 아이의 발육에 긍정적인 영향을 준다고 증명된 통계를 찾지는 못했다. 하지만 어른으로서 느끼기에는 충분한 마음의 여유를 가지고 살 수 있는 환경인 것은 확실하다.

이주하는 데 조건이 있을까?

남들이 보기엔 이주를 한 사람은 매일 즐겁기만 할 거라고 생각할지도 모른다. 그러나 사는 장소를 바꾸었다고 만사가 해결되고 장밋빛 미래가 기다리는 것은 아니다. 지방 이주에 실패하지 않으려면 물리적·심리적 준비가 필요하다.

구체적으로 어떤 것들을 준비해야 하는지, 현재 도시에 살고 있는 사람들에게 많이 듣는 질문을 바탕으로 설명해보겠다.

이주하기 좋은 연령대가 따로 있나?

아이가 있으면 이주하는 데 어려움이 많지 않을까 생각하기 쉽지만 꼭 그렇지는 않다. 내 주변에서는 유아에서 초등 3학년 정도의 아이가 있는 세대가 눈에 띄게 많이 이주했다. 초등 4학년 이후는 아이의 인간관계가 이미 형성된 시기라 움직이기 힘들어진다.

갓난아기가 있는 집이라면, 아이가 태어나고 1년 반가량도 엄마와 아이의 건강을 생각해 움직이지 않는 편이 좋다. 하지만 그 이후는 이주에 대해 구체적으로 생각해볼 만한 시기다.

'자식은 부부를 이어주는 다리'라는 말처럼, 아이가 있어서 가정의 우선순위가 명확해지거나 부부간에 합의를 내리기가 쉬워지는 장점이 있다. 또한 커리어에 비해 가족에 대해 생각할 기회는 의외로 적기 때문에 가족에게 가장 좋은 라이프스타일은 무엇일지 진지하게 고민해볼 기회도 될 수 있다. 가족의 비전이 명확해지면, 추진력이 생기고 이주까지의 과정이 빠르게 진행된다. '교육 이주'라는 말이 핫토픽에 오르는 이유도 그 때문일 것이다.

다음으로 이주를 많이 하는 연령대는 막내가 대학교에 입학해 자녀 뒷바라지가 일단락되는 때다. 이 경우는 교육이라는 요소를 고려할 필요가 없으니 부부가 원하는 장소로 훌쩍 떠나는 사람이 많다. 국내뿐 아니라 말레이시아, 필리핀 등 물가가 싸고 살기 좋은 아시아권 나라를 후보로 삼는 사람도 많다.

가루이자와의 경우, 예전에는 정년퇴직한 후에 이주해서 60~70대를 보내고 70대 후반이 되면 도시로 돌아가는 패턴이 대부분이었지만, 재택근무를 하게 되면서 40대 후반~50대 부부의 이주도 많아진 듯하다.

20대나 1인가구는 지방 이주에 적합하지 않은지?

그렇지는 않다. 지역 활성화에 뛰어드는 20대 초반 청년들도 얼마든지 있는 점을 볼 때 나이의 벽은 크지 않다고 생각된다. 오히려 젊어서 경력이 없더라도 지방에서 자신의 '여백'을 발견하고 개척해낼 수 있다면 잘 맞을 것이다. 지방은 도쿄보다 경쟁이 덜하다. 스스로 프로젝트를 만들어 적극적으로 일할 수 있는, 도전정신이 있는 사람이라면 기회가 많다.

어디서든 일할 수 있는, 디지털 노마드가 가능한 직종이나 가치를 창조해내는 크리에이터들(혹은 되려고 하는 사람들)에게 유리하다고 할 수 있다. 조건이 하나 더 있다면 당사자가 '무엇을 가치 있게 여기는지'일 것이다.

자신의 충족감과 지금의 삶을 음미하는 데 가치를 두며 웰빙을 중시하는 사람이나, 더 많은 연봉이나 사회적 지위 말고 필요한 만큼만 벌고 자신의 만족을 더 중요하게 여기는 사람은 이주라는 인생의 변화에 도전해봄 직하다.

먼저 살아본 사람의
이주 스트레스에 대한 처방전

이주를 하거나 주거환경을 바꾼 대다수의 사람들은 외부에서
보기엔 이주로 인해 매일 즐거운 일만 있을 것 같다. 하지만 실
제로 이주를 해보면 예상치 못한 힘든 일이 많다. 허니문처럼
들뜬 기간은 몇 개월 정도다.

나도 처음에는 아침에 일어나 아사마산의 경치를 보는 것
만으로도, 아이들을 어린이집에 보내고 돌아오는 길에 카페에
들르는 것만으로도, 산책 중에 새소리를 듣는 것만으로도, 주
말에 편도 1시간 이내로 나가노현을 여행하는 것만으로도 가

슴이 설렜다. 하지만 반년이 지나자, 허니문은 끝났다.

장마철 비가 내리면 두통이 찾아왔다. 가루이자와는 해발 1,000미터가 넘는 고원이라 저기압일 때 두통을 겪는 사람들이 많다고 한다. '피서지'라는 이미지와는 달리 비가 오면 습도가 90퍼센트를 넘어 밤잠을 설치는 날도 많다. 지역이 나와 맞지 않는 게 아닐까 고민하고, 이사한 것이 정말 옳았는지 고민하는 날들이 이어졌다. 마을의 병원을 찾아갔을 때는, 이주 후에 가족 중 누군가 몸이나 마음의 건강이 나빠지는 경우가 드물지 않다는 말도 들었다.

나처럼 도시에서 가루이자와로 이사한 한 사람은 이런 얘기를 했다.

"아이 교육을 위해 이사했는데, 전에 살던 곳을 좋아하고 추억도 많았던 아내는 아직 적응하지 못한 것 같아요. 운전을 못해서 마음대로 돌아다닐 수 없는 것에도 스트레스를 받는 것 같고…"

"아무리 찾아봐도 좋은 집이 없어서 좁고 오래된 집을 빌렸습니다. 수도권에 살 때보다 생활의 질이 떨어졌고, 겨울에는 추워서 실망스러워요."

남들이 보기엔 반짝반짝 빛나는 생활일 것 같지만, 실제로는 이주 후의 변화에 적응하기란 쉽지 않다.

　심리학적으로도 이사나 이주는 스트레스 요인 5위 안에 들어갈 만큼 큰 사건이라고 한다. 몸과 마음에 미치는 부담이 상당하며, 가족 전체가 이주했을 경우 각자가 그 과정을 극복해야 한다.

　변화의 폭이 커지면서 가족이나 부부관계의 균형도 달라진다. 우리 가족은 생활이 크게 바뀌었지만, 나는 여전히 도쿄에서 하던 일을 하고 있다. 만약 현지에서 새로운 일을 찾아야 했다면 큰 스트레스를 받았을 것이다. 그 때문에 배우자와의 마찰도 더 쉽게 생길 수 있다.

　한쪽은 회사가 재택근무에 적극적이어서 계속 일을 할 수 있지만, 다른 한쪽은 일을 그만둬야 하는 상황도 있을 수 있다. 직업을 바꾸거나 잃은 후, 새로운 일에 도전하고자 자격증을 따려고 하지만 도시에서의 인간관계나 커뮤니티를 잃은 것 때문에 우울해서 집에 틀어박히는 경우도 있고, 집에서 부부가 함께 보내는 시간이 지나치게 늘어나 부부싸움이 잦아지는 경우도 생길 수 있다.

또한 친구 가족 중에는 아이 교육을 생각해 이주했지만, 정작 아이가 학교에 적응하지 못해 힘들어했다는 경우도 있었다. 아이들은 환경변화에 강할 것 같아도 사실 부모와 마찬가지로 변화에 적응하기 위해 노력한다. 우리 가족의 경우 마지막 결정을 앞두고 큰딸에게 "가루이자와 도쿄 중 어디에서 살고 싶니?"라고 물었다. 그때 딸이 가루이자와에서 살고 싶다고 해서 이사를 확정했다. 자신의 결정이 반영되었다고 느끼면 이주로 인한 변화에서 오는 스트레스를 보다 잘 극복할 수 있는 것 같다.

우리 가족은 어느덧 이주 2년 차에 접어들었다. 가루이자와의 사계절을 한 바퀴 경험했고, 점차 바뀐 환경에도 익숙해지고 있다. 일주일에 한두 번은 도쿄로 가서 기분 전환을 하거나, 여름방학 때는 바다를 찾아 남쪽 섬으로 여행을 가는 등 새로운 환경에서 즐거움을 느끼는 방법을 발견해가는 중이다.

이전에는 생각지도 못했지만, 이주란 가족 전체가 동시에 트랜지션에 들어가는 행위다. 이주로 가족 전체가 행복해진다고 장담할 수는 없다. 하지만 트랜지션 과정에서 불안정한 것은 오히려 당연하다고 생각하면 마음이 한결 편해질 것이다. 비록 트랜지션 중의 생활은 힘들지라도, 그 과정을 거치면 새로운 삶을 만날 수 있기 때문이다.

제4장

도둑맞은 시간을 되찾는 법

시간이란 산다는 것 그 자체,
사람의 생명은 마음에 산다.

〈모모〉

자신의 시간은 자신이 결정한다

앞의 내용에서 코로나 팬데믹을 계기로 가루이자와로 이주하여 라이프스타일을 바꾸고, 우리 가족에게 일어난 변화에 대해 이야기해보았다.

이주로 인해 라이프스타일이 바뀌었을 뿐인지도 모르지만, 어떤 면에서는 인생의 더 큰 흐름의 일부가 바뀐 것 같기도 하다.

제1장 '성찰' 부분에서 했던 질문으로 다시 돌아가보자.

도쿄를 떠나고서야 깨달은 '쳇바퀴 도는 삶'

도쿄에 살던 나는, 항상 경쟁하며 성장만을 추구하는 자본주의를 무한 경쟁과 '쳇바퀴 도는 삶'에 비유하며 새로운 삶의 방향을 모색하고 있었다. 스스로 원하든 원하지 않든 성장을 거듭하고 사람들과 계속 만나는 삶에 지쳐가고 있었기 때문이다.

도쿄는 세계 최대의 메가시티 중 하나이며(관동권 포함 약 3,000만 명 규모), 살기에 매우 편리한 도시다. 대중교통이 잘 발달되어 있고 번화가도 많으며 오락거리와 여가 시설이 가까이에 있다. 돈만 있다면 무엇이든 즐길 수 있는 곳이다.

그러나 돈이 없으면 아무것도 즐길 게 없는 도시이기도 하다. 그러므로 도시에 계속 사는 한 우리는 더 많은 수입을 추구하며 타인과 경쟁하고 성공을 위해 노력해야 한다. 하루에 5~6건의 약속을 잡고, 빽빽한 전철에서 스마트폰으로 뉴스나 SNS를 확인한다. 이런 모습은 '성장'이라는 끝없는 게임 속에서 쉼 없이 달리는 햄스터와 같다. 이주 전의 나도 실제로 그렇게 느끼고 있었다.

게다가 대부분의 사람들은 시간이 없고 바쁘다고 하며, "시간은 가장 희소한 자원"이라는 말을 상식처럼 받아들였다.

이주 후 내 일상에서 일어난 변화를 이야기하면 런던, 암스테르담, 스톡홀름 같은 유럽 도시로 이주한 친구들은 "내가 여기로 온 뒤의 생활과 비슷하네."라고 한다. 그들은 한목소리로 이렇게 말했다.

"도쿄는 너무 빠른 도시야. 그래서 편리하긴 하지만, 유럽에서는 불편한 점이 많더라도 그만큼 일정을 덜 잡고 느긋하게 시간을 보낼 수 있게 됐어."

우리에게는 공평하게 하루 24시간이 주어진다. 그러나 그 시간을 어떻게 보내느냐는 사람마다 다르며, 시간에 대한 체감은 자신이 머무는 곳의 영향을 받는다.

내가 가루이자와로 이주하면서 찾은 가장 큰 변화는 매일같이 '조금 더, 조금 더!' 하며 쳇바퀴를 돌리던 삶에서 벗어나 나의 페이스대로 시간을 보내는 삶으로 바뀐 것이다.

타인의 시선에서 벗어나면 달라지는 것들

사람이 북적대지 않는 환경에서 지내면 타인과의 비교에서 벗어나 자연과 마주하는 생활 리듬으로 바뀐다. 이동도 차로 하다 보니 대중교통처럼 시간을 정확히 예측하거나, 도쿄에서처럼 5분 단위로 움직이기는 어렵다. 목적지에 도착해서 10분 넘게 시간이 남는 경우도 많다. 참가할 수 있는 이벤트도 적다. 도쿄에서는 하루에 전시회나 영화를 2~3개씩 관람해도 특별한 일상이 아니었다. 하지만 지금은 하나의 엔터테인먼트를 시간을 들여 온전히 즐기자는 마음가짐으로 변했다.

여기서 중요한 점은 타인이 시선이 덜 신경 쓰이면서 경쟁하는 감각이 흐려진다는 것이다. 타인의 존재가 주는 압박감과 시간에 쫓긴다는 느낌이 줄어들고, 자연의 작은 변화에 민감해지며 매일 자신만의 페이스대로 지낼 수 있게 되었다. 내게 일어난 트랜지션은 '시간 감각의 변화'였던 것이다.

나는 지방으로 이주한 덕분에 시간 감각의 변화를 극단적으로 더 강하게 체감했는지도 모른다. 그런데 이 변화가 과연 지방으로 이주한 사람에게만 일어났을까? 팬데믹을 겪으며 우리 사회 전체가 어떤 것을 좋다고 느끼는지, 가치관도 변화하지 않았을까?

예를 들어, 일에 대한 생각도 달라졌다. 급여가 높지 않더라도 사회적으로 의미 있는 사업을 하는 회사에 취직하고 싶어하는 사람들이 늘어났다. 이는 자신의 시간이 사회와 연결되어 있음을 느끼고자 하는 욕구로 볼 수 있다.

최근의 '사우나 붐'도 그런 변화의 일환이라고 본다. 사우나에 들어가 있는 시간은 넉넉히 2시간 정도다. 그만큼 긴 시간을 들여 차분히 명상을 하면서 자기의 신체감각을 되찾는다. 이는 자기 몸이 느끼는 시간 감각으로 돌아가는 행위다.

'캠핑 열풍'도 마찬가지다. 자연 속에서 텐트를 치고 모닥불 앞에 앉아 친구와 대화하며 멍하니 시간을 보내는 사람이 늘었다. 캠핑은 일부러 쾌적하지 않은 환경에 텐트를 치고 끝나면 다시 해체하는, 효율성과는 거리가 먼 활동이다. 거기에는 자연과 연결되어 느긋한 시간을 느끼고 싶다는 욕망이 담겨 있는 것이 아닐까?

스포츠 중에는 골프 인구가 늘어나고 있다. 골프는 적어도 반나절은 걸리는 활동인데, 넓은 공간에서 친구들과 여유로운 시간을 보내는 것이 젊은이들 사이에 유행이라고 한다.

이런 변화는 한마디로 타인의 페이스, '타인의 시간'에 맞춰 사는 대신 내 몸이 느끼는 페이스대로 '지금, 여기'의 순간을 음미하는, '자신의 시간'을 더 추구하는 움직임이라고 생각한다. 원격근무와 같은 업무 방식의 변화와 그로 인한 인간관계, 주거, 라이프스타일의 대전환. 이것들은 우리가 '내 몸이 느끼는 감각을 되찾는다'는 사회적 트랜지션에 들어와 있다는 사실을 의미하는 것이 아닐까.

좀 더 자세히 설명하겠다. 다음의 그림을 봐주길 바란다.

· 인지 환경의 변화: 행동기준이 자율적(자기 중심)으로 ·

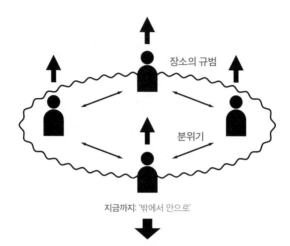

장소의 규범

분위기

지금까지: '밖에서 안으로'

원격근무가 기본이 되면 가치기준이 외부 규범에서 내면의 가치관으로 바뀐다.

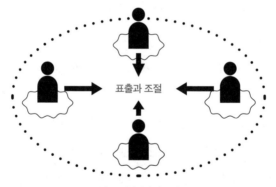

표출과 조절

앞으로: '안에서 밖으로'
자신과 관계없다고 여겨지는 일은 서로 눈치를 보기 때문에 진전되지 않는다.
반면 자기가 하고 싶은 일은 금방 진행된다.

원격근무가 정착하고 온라인 회의에 익숙해진 후 프로젝트를 진행할 때 속도 면에서 '차이'을 느낀 적 없는가? 이전까지는 직장에는 이미 '판'이 만들어져 있고, 사람들은 그에 도움이 되는 행동을 하도록 요구받았다. 즉, 주변의 분위기가 행동을 지배하며, 그 장소의 규범에 맞게 움직이는 '밖에서 안으로'의 행동 패턴이었다.

그러나 일하는 장소가 직장에서 온라인으로 바뀌면 가치 기준이 '외부의 규범'에서 '내면의 가치관'으로 이동한다. 방향이 180도 바뀌어 자신을 들여다보는 '안에서 밖으로' 행동 패턴으로 전환된다. 자신이 하고 싶지 않은 프로젝트는 진행이 더뎌지는 반면, 하고 싶은 프로젝트는 빠르게 진척된다. 일의 진행 속도를 좌우하는 열쇠가 '장소의 분위기'에서 '개인의 내적 동기'로 변한 것이다. 이러한 변화에 공감하는 사람도 있을 것이다. 원격근무로 인해 장소의 속박이 풀린 현재 일어나고 있는, 돌이킬 수 없는 변화다.

지금 일어나고 있는 현상이야말로 '타인의 시간'에서 '자신의 시간'으로 트랜지션이다. 타인과의 비교에서 벗어나 자신만의 기준으로 삶을 사는 것. 구체적으로 말하자면 다른 사람과의 상호작용에서 발생한 할 일(to do)을 처리하는 삶에서 벗어나, 자신의 내적 감각을 따라 하고 싶은 일에 집중하고 나머지는 버리는 삶으로의 변화다. **시계로 측정하는 시간에서 몸으로 느끼는 시간으로의 트랜지션이다.**

'그런 건 환상이야. 매일 할 일로 정신없는 나와는 상관없는 얘기라고.' 이렇게 생각하는 사람도 있을지 모른다. 그러나 실제로 통계를 보면 팬데믹 이후 자기 재량으로 보낼 수 있는 시간이 크게 늘었다고 한다. 〈세이코 시간 백서 2021〉에 따르면 자기 재량으로 시간을 보낼 수 있게 되었다는 사람은 47퍼센트에 달하며, 늘어나서 좋은 시간으로는 1위가 취미활동에 쓰는 시간, 2위가 가족과 함께하는 시간, 3위가 식사 시간이었다. 어떻게 쓸지 스스로 결정할 수 있는 시간이 늘어난 것을 환영하는 사람은 56퍼센트다.[6]

샐러리맨 시절, 시나가와역에서 매일 같은 시간에 내려 사무실로 향했다. 그때 보던 광경은 그야말로 '타인의 시간'을 사는 사람의 표본이었다. 수백 미터에 이르는 출근 행렬 속에 무표정하게 비슷한 색의 정장을 입고, 비슷한 속도로 걷는 샐러리맨들. 그 속으로 섞여 들어가면서 나 역시 한낱 자본주의의 부품이 된 듯했다. '24시간 일할 수 있습니까?'라는 과거의 광고 문구는 '타인의 시간'을 사는 것이 당연했던 시대를 상징한다.

그러나 이제 시대가 변했다. 일론 머스크는 팬데믹이 끝나자, "이제 주 40시간은 출근하시오!"라고 지시해서 논란이 됐었다. 주 40시간 출근은 '블랙 기업' 아니냐는 말이 나올 정도로 직장 생활에 대한 제약은 약해지고 있다. 다른 사람의 기준에 따라 출근시키는 것이 사회적으로 큰 저항을 받는 것이다. 극단적이라고 생각할 수 있지만, 재택근무 시대는 한마디로 '회사에 갈지 말지를 스스로 결정할 수 있는' 시대다.

남이 정한 루틴이 사라지고, 자신의 기준에 따라 출근 여부를 결정한다. 자신의 시간을 자신의 의지대로 늘릴 수 있는 시대가 된 것이다.

크로노스의 시간에서 카이로스의 시간으로

그럼에도 우리는 여전히 바쁜 나날을 보낸다고 믿고 있다. 〈세이코 시간 백서〉에 따르면 '시간에 쫓긴다'고 답한 사람의 비율은 약 70퍼센트이며 '하루 24시간으로는 부족하다'고 답한 사람도 56퍼센트에 달한다. 그런데 총무성의 '사회생활기준조사'를 보면 1996년과 비교해 2016년에는 남녀 모두 여가시간이 1주에 40~60분 정도 늘었다.[7] 물리적인 시간이 늘었는데도 우리는 왜 여전히 시간이 부족하다고 느낄까?

고대 그리스에서는 시간을 두 가지로 나누어 생각했다. 하나는 '크로노스(Chronos)의 시간'으로 시계의 움직임을 통해 정량적으로 계산할 수 있는 시간이다. 현재를 중심으로 과거에서 미래로 직선적으로 흘러가는 시간을 말한다. 다른 하나는 몸으로 느끼는 주관적 시간 개념인 '카이로스(Kairos)의 시간'이다. 이것은 현재라는 순간, 즉 '지금, 여기'에 의식을 두는 시간 개념이다.

명상에서 자주 언급되는 마음챙김은 미래가 아닌 '지금, 여기'에 집중한다. 마음챙김 방법은 다양하지만, 공통점은 호흡을 주의를 기울이는 것이다. 몸이 느끼는 '지금, 여기'의 의식에 집중하도록 돕기 위해서다. 이것은 카이로스의 시간으로 바꾸는 방법이기도 하다.

명상 외에도 일상에서 카이로스의 시간을 경험하는 때가 있다. 그림을 그리거나 뭔가를 만드는 데 집중하면 시간이 눈 깜짝할 새 흘러가는 몰입(Flow) 상태가 그것이다. 이는 몸이 느끼는 내적인 시간 감각에 따른 것이다. 그리고 중요한 점은 카이로스의 시간은 우리가 행복을 느끼는 시간의 사용 방식이라는 것이다.

카이로스의 시간은 삶의 '여백'을 만든다

돌이켜보면 나는 도쿄에서 항상 바쁘게 살면서 조금이라도 나만의 페이스를 되찾으려고 안간힘을 쓰고 있었다. 휴대폰을 안 보려고 가방 안에 넣거나, 명상을 하거나, 일부러 평소의 절반 속도로 천천히 걷는 등 여러 시도를 하며 몸으로 느끼는 시간을 조금이라도 되찾으려 했다.

빌딩에 둘러싸이고 거리에는 광고가 넘쳐나며 사람이 빽빽한 지하철을 타고 이동하는 환경에서는 몸에 너무 많은 정보가 쏟아져 들어온다. 그 불쾌감을 피하려고 우리는 스마트폰 화면으로 도망친다. 그러나 스마트폰 화면이야말로 우리의 주의를 끌기 위한 온갖 장치로 가득 차 있다. 스마트폰 속 세상은 도파민 제조 공장이다. 마치 마약처럼 다음 자극을 찾아 스크롤 하고 터치 하게 만든다. 하지만 이것들은 모두 타인이 만든 정보이고, 우리는 거기에 계속 반응하며 살고 있다. 이렇게 해서 우리의 시간은 '타인의 시간'으로 채워진다.

뉴스 앱에서 활동하던 노무라 다카후미 씨는 이 현상을 "작은 스마트폰 화면에서 온갖 정보가 '나를 봐!'라고 어필하는 상태"라고 표현했다. 그는 거기에 불편함을 느껴 스마트폰의 텍스트 정보 대신 음성 미디어로 커리어를 전환했다고 한다.

이렇게 많은 정보에 노출된 생활에서는 내 몸이 무엇을 느끼고 있는지, 내 마음이 무엇을 느끼고 있는지 차분히 들여다볼 '여백'이 없다. 당연히 '자기 시간'도 존재할 수 없다.

그런 상황에서 코로나 팬데믹으로 재택근무가 시작되었다. 직접 몸으로 느낄 수 있는 시간인 대면 회의나 워크숍마저 온라인으로 옮겨졌을 때, 멘탈이 한계에 다다랐다. 이대로는 살아 있다는 느낌을 되찾을 수 없겠다는 생각이 들었다.

그 후 가루이자와로 거점을 옮겨 생활하면서 서서히 '자기 시간'을 되찾기 시작했다. 변함없이 온라인 회의에 맞춰 시간을 조정해야 하지만, 내가 주체가 되는 시간의 비율이 확실히 늘었다. 왜 그럴까? 재택근무로 바뀌면서 타인의 페이스가 아닌, 내 몸의 페이스에 따라 사는 카이로스의 시간이 늘어났기 때문이다.

밖에 나가 걸으면 하늘과 산이 보이고, 기분이 좋아진다. 심리학 연구에 따르면 사람은 웅장한 자연을 마주하면 경외감과 함께 시간이 천천히 흐르는 것처럼 느낀다고 한다. 가루이자와에서는 정신을 산만하게 하는 광고가 없다. 사람도 적고, 차로 이동하므로 나의 페이스대로 시간을 보낼 수 있다. 이렇게 시간을 보내면 자신을 들여다보는 시간이 늘어난다. 일상에 여유가 생기고 자연스럽게 하고 싶은 일이 마음속에 떠오른다.

이러한 시간은 창의성을 개발하는 데 필수적이다.

시간을 통제하는 감각의 중요성

그동안 시간에 대한 여러 연구가 있었다. 그중 시간 감각 연구로 유명한 사회심리학자 로버트 레빈은 '시계 시간(Clock time)'과 '사건 시간(Event time)'이라는 개념을 제시했다.

그는 전 세계를 돌며 현지 조사를 했고, 지역에 따라 시간 인식이 다르다는 사실을 발견했다. 사람들이 인식하는 시간은 시계 시간과 사건 시간으로 분류할 수 있다. 시계 시간은 미국, 독일, 일본에서 볼 수 있는 시간 개념인데, '아침 8시에 일어나기', '점심은 12시'처럼 시계에 표시된 시간에 맞춰 일정을 관리하는 방식이다. 반면에 사건 시간은 남아메리카나 동남아시아에서 볼 수 있는 개념으로 시계에 의존하지 않고, 특정 시점에서 일어나는 사건이나 활동에 맞춰 시간을 보낸다. '배가 고프니 밥을 먹어야지', '목적이 달성되었으니 회의를 끝내자'와 같은 방식이다.

프랑스 HEC 경영대학원의 안 로르 셀리에 교수 연구팀은 600명의 남녀를 대상으로 시계 시간과 사건 시간 중 하나에 맞춰 일상의 잡무를 실행하게 한 후, 참가자의 정신 건강과 목표 달성률을 조사했다. 그 결과, 시계 시간에 맞춰 일정을 정한 사람일수록 현재의 자신에게 만족하지 못하고, 긍정적인 감정을 덜 느끼며 창의적인 일을 어려워하는 경향을 보였다.

이러한 차이는 아마 누구나 한 번쯤 경험해봤을 것이다. 같은 일을 하더라도 30분 단위로 하나하나 프로세스를 지시받는다면 마치 기계가 되는 기분일 것이다. 시간을 '내가' 통제하고 있다고 느끼지 못하기 때문이다. 하지만 같은 일이라도 최종 목표만 주어지고 시간을 스스로 배분해서 사용한다면 내 페이스대로 일하고 있다는 기분이 든다.

사무실에서 근무할 때와 재택근무를 할 때 시간이 흘러가는 방식도 차이가 있다. 사무실에 있을 때는 늘 다른 사람의 존재를 의식하며 일한다. 온전히 자신의 재량으로 시간을 보낼 수 없다. 그에 비해 재택근무는 회의 시간 외에는 타인을 의식할 필요가 없으므로 목표에 맞춰 자기 나름대로 프로세스를 통제하며 일을 할 수 있다.

사실 사무실 근무와 재택근무는 자기 시간의 흐름도 달라질 수 있다. 요즘은 주 3일 이상 재택근무를 하는 회사가 인기 있는데, 일하는 시간의 반 이상을 집에서 근무한다면 내 페이스대로 삶을 살고 있다는 느낌을 가질 수 있을 것이다.

이제는 기업들의 업무 방식이 사무실 근무인 곳과 완전히 유연하게 근무하는 곳으로 양극화되고 있다. 일주일의 절반 이상을 사무실에서 근무해야 하는지 아닌지는 직원의 삶에 큰 영향을 미칠 것이다.

생산성의 덫에 스스로를 가두지 말자

시간에 대한 인식의 변화는 일상의 만족이나 행복에 큰 영향을 미칠 뿐만 아니라 사회적으로도 중요한 의미를 가질 것이다.

"시간은 돈이다."라는 말이 있다. 비즈니스 세계에서는 시간을 효율적으로 사용하는 것이 당연하게 여겨지는데, 이것은 '시간이 곧 돈'이라는 사고방식에서 비롯된다. 이 표현은 원래 18세기 미국 정치가 벤저민 프랭클린이 《젊은 상인에게 보내는 편지》라는 책에 쓴 것으로, 그 배경에는 당시 자본주의 경제가 발전하며 생긴 이념이 자리하고 있다. 즉, '시간에는 이자가 붙는다'는 개념이며, 시간을 낭비하면 기회비용이 발생한다는 의미로 해석된다.

'시간이 곧 돈'이라는 사고방식을 전제로 하면 내가 보내는 시간 동안 뭔가를 생산해내고 있는지 끊임없이 의식하게 된다. 그리고 아무것도 생산하지 않는다고 생각되면 죄책감을 느낀다.

생산성이 높은 삶은 행복한가

생산성이라는 개념도 그와 관련이 있다. 생산성은 '생산량 ÷ 시간'이라는 공식으로 측정되기에 시간이 늘어나면 늘어날수록 생산성은 떨어진다. 그래서 우리는 시간을 낭비하는 것은 곧 손실이라고 인식하게 된다. 하지만 여기에도 자본주의 경제의 특징인 '자본이 금전적인 이익을 낳고 성장을 거듭하는 것이 옳다'는 전제가 깔려 있다.

실제로 사회인이 되면 가장 먼저 시간을 낭비하지 말라고 배운다. 이메일 답장은 빠르게 보내고, 일은 계획을 세워 빠르게 끝낸다. 일을 하루라도 빨리 끝내면 그 일의 가치는 그만큼 높아진다. 1분이라도 약속에 늦으면 '시간 도둑'이라는 비난을 피할 수 없다.

나는 독립한 후로 쭉 컨설팅 일을 했기에, 더욱 생산성 중심의 사고방식을 고수해왔다. 전문가는 자신의 시간을 금전적 가치로 환산해 클라이언트에게 비용을 청구한다. 그래서 시간을 낭비하지 않고 생산성을 높이는 것이 가치를 높이는 데 필요한 일이라고 굳게 믿었다.

그러나 생산성을 높이는 게임을 계속하다 보면 심신이 버티지 못한다. 디자인 회사 같은 업종에서는 생산성만을 추구하여 낭비하는 시간을 없애면 참신한 발상을 하기가 어렵고, 재미있는 것을 만들어보고자 하는 에너지도 고갈된다. 오로지 생산성을 올리는 것에만 목을 매면 마치 자신이 '생산하는 기계'가 된 듯한 기분이 든다.

하지만 우리는 인간이다. 언제나 같은 생산성을 유지할 수도 없고, 영 의욕이 나지 않는 날도 있다. 도리어 적절히 쉬거나 딴짓도 해보고, 가끔은 현실도피에 시간을 썼을 때 번뜩이는 아이디어가 떠오르기도 한다. 특히 새로운 아이디어를 생각해내야 하는 분야에서는 생산성을 지나치게 추구하면 창의력이 고갈될 위험이 있다.

자본주의 사회의 대표격인 미국에서는 수입이 많은 사람일수록 오래 일하는 것이 당연하게 여겨졌다. 그러나 2019년에서 2022년 사이에 과거 50년을 통틀어 처음으로 고학력·고수입 상위 10퍼센트 남성의 노동시간이 77시간이나 줄었다고 한다. 일본에서도 평균 노동시간이 2015년과 비교해 하루 평균 7시간 52분으로 30분 이상 단축되었다.[8]

이와 같은 통계는 생산성의 향상이나 경제적 성공이 반드시 더 큰 행복을 가져다주지 않는다는 인식의 변화가 생기기 시작했음을 시사한다.

행복의 관점에서 보면, 연봉 800만 엔을 넘으면 더 이상 행복감이 증가하지 않는다는 조사 결과가 있다. 오히려 일정 수준 이상의 자산을 가지면 그만큼 인간관계에서 갈등이 쉽게 일어나, 자산의 증가와 행복은 비례하지 않는다는 것을 깨닫는 경우도 많다.

지금의 우리는 필요 이상으로 돈을 벌기 위해 일하는 자본주의 사회 속에 살고 있다. 하지만 그 전제가 과연 옳을까? '시간은 곧 돈'이라는 개념이나 생산성을 중시하는 사고방식도 물론 중요하지만, 그것만으로 삶을 평가하는 것은 너무 편협하지 않을까 하는 생각이 든다.

'성장'이 없는 세계에서 살아간다면

앞으로 세계가 직면할 과제 중 하나는 80억이 넘는 인구가 어떻게 지속가능한 방식으로 지구에서 살아갈 수 있느냐. 이 상황에서 경제성장을 가속화하면 필연적으로 지구 환경 자원의 한계에 부딪힐 수밖에 없다. 따라서 지속가능한 범위 안에서 성장 속도를 조절할 필요가 있다. 지속가능성이 중요한 이 시대에 시간에 대한 개념은 어떻게 바뀌어갈까?

어제보다 오늘이 더 성장하고 있다는 직선적인 세계관을 따르는 한, 우리는 '시간은 곧 돈'이라는 인식에서 벗어날 수 없다. 우리가 학교에서 공부라는 이름의 고행을 감수하는 이유도 현재의 노력이 미래에 큰 가치를 가져다줄 것이라는 잠재된 믿음이 있기 때문이다. 이는 더 나은 미래의 성장을 위해 지금을 희생하는 편이 현명하다는 사고방식에서 비롯된다.

하지만 미래를 지속가능성의 관점에서 바라보면, 이 사고방식에도 변화가 생긴다. 지속가능한 세계란 '정상사회(定常社會)'라고 바꿔 말할 수 있다. 내일이 오늘과 크게 달라지지 않고, 그런 상태에서 살아간다는 의미다. 선뜻 이 말을 들으면 '정체된 세상'이라고 생각할 수도 있다. 그러나 내일이 오늘보다 더 성장하고, 그 때문에 시간을 효율적으로 써야 한다는 사고방식은 인류 역사 전체를 놓고 보면 반드시 당연한 것은 아니다.

현대의 우리는 시간이 직선적으로 흐르며 되돌릴 수 없는 것으로 여긴다. 그러나 근대 이전의 사람들은 시간을 순환하며 반복되는 것으로 인식했다. 경제성장이라는 개념이 없었던 시대에는 시간이란 매일, 매년 여러 차례 반복되는 것이었다. 과거와 현재 모두 '달력'을 사용하지만, 24절기나 72절후처럼 계절의 변화를 기준으로 시간을 인식하는 방식은 순환적 시간 개념에 더 가깝다.

만약 내일이 오늘과 크게 다르지 않게 순환하는, 지속가능한 세계에서 살게 된다면, 우리 역시 시간을 생각하는 방식이 달라질 것이다.

그런 날들을 살아간다고 생각하면, 미래를 기준으로 현재를 계산하며 시간을 쓰기보다는 지금, 이 순간 살아 있다는 감각에 집중할 수 있다. 어제와 달라진 자신의 변화나 진전에 관심이 가고, 계절의 작은 변화에 눈길을 주게 된다. 미래를 걱정하기보다 '지금, 여기'를 온전히 누리는 시간 감각이다. 눈부시게 화려한 삶은 아닐지라도, 그렇기 때문에 오히려 빠르게 성장하지 않는 시대를 더 풍요롭게 사는 방식이지 않을까? 그리고 그것이야말로 지속가능한 사회로 전환하는 과정에서 우리가 의식적으로 만들어낼 수 있는 '트랜지션'이 아닐까?

가루이자와에서 사는 동안 자연의 리듬 속에서 반복되는 하루하루를 나만의 페이스대로 보내고 있다는 느낌을 받았는데, 이것은 내가 순환적인 시간 감각을 가지기 시작했다는 의미일 것이다.

'지금, 여기'에 존재함을 즐겨라

돌이켜보면 나는 어릴 때부터 항상 시간을 낭비하지 않고 미래를 위해 의미 있게 사용해야 한다고 생각하며 살았다. 초등학교 3학년 때까지는 여름방학 동안 고향 가고시마의 산에서 곤충을 채집하며 노는 것을 좋아했다. 그러다 4학년부터는 학원에 다니기 시작하면서 미래에 더 좋은 결과를 내기 위해 공부하는 것이 당연하다고 생각해왔다. 중·고등학교 시절에도 좋은 대학에 가기 위해 열심히 공부했고(대학 입학 직후에는 잠시 고삐가 풀렸지만), 취직 준비를 위해 다양한 아르바이트도 했다. 취직 이후에도 마찬가지로 미래의 커리어를 위해 현재를 효율적으로 사용하고 있는지 항상 의식했다.

어떤 시간이든 미래의 나 자신이나 다른 사람을 위해 유효하게 보내려 했고, 하는 일 없이 뒹굴거리기라도 하면 죄책감을 느끼기까지 했다. 그러나 지난 팬데믹과 가루이자와 이주를 통해 이런 시간 활용 감각은 점차 바뀌었다.

현재는 미래의 목적을 위한 수단이 아니다

'더 나은 미래도 중요하지만, 그보다는 지금 흘러가는 시간에 주의를 기울이며 살아보자.' 나는 그렇게 생각하면서 조금씩 일상의 루틴을 새롭게 만들어갔다.

숲을 천천히 산책한다.
아침에 일을 시작하기 전 커피를 한 잔 마시고 명상을 한다.
지금 흘러가고 있는 시간을 느낀다.
몸이 보내는 신호를 듣는다
그리고 영감이 떠오르기를 기다린다.

결코 생산적이지 않을지도 모른다. 하지만 의식을 어디에 기울이냐에 따라 그 시간은 풍요로워질 수 있다.

그런데 이렇게 시간을 보내도 정말 괜찮을까? '시간의 가성비' 같은 생산성을 기준으로 생각하는 데 익숙해진 나는 여전히 죄책감이 남았다.

그런 생각을 하던 중, 한 가지 개념을 알게 되었다. 제1장에서 소개한 미타 무네스케의 《현대 사회는 어디로 가나》에서 다시 인용해보겠다. 이 책에서는 전쟁과 혁명의 세기였던 지난 20세기를 반성하며 21세기에 가져야 할 사고방식으로 다음 세 가지를 제시한다. 하나는 '긍정성(Positive)', 두 번째는 '다양성(Diverse)', 그리고 세 번째는 '컨서머토리(Consummatory)'다. 특히 세 번째 '컨서머토리'가 중요한데, '현재를 즐긴다'는 의미로 지금 하고 있는 일을 미래의 목적이나 목표를 위한 '수단'으로 삼지 않고 행위 그 자체를 즐기는 태도다. 20세기에는 도구주의(Instrumentalism)라는 이념이 우세해서 미래의 목적을 위해 현재의 삶을 수단으로 삼았다. '컨서머토리'는 이와 대비되는 개념이다.

우리는 무의식적으로 미래의 목적을 위해 지금 효율적으로 시간을 쓰고 있는지 끊임없이 되묻는다. 저자에 따르면 이것은 20세기에 우세했던 가치관의 유물이다. '컨서머토리'는 미래의 목적을 생각하지 않고 '지금, 여기'를 계속 즐기다 보면 결과적으로 미래가 생겨난다는 사고방식이다. 이 개념을 알게 됐을 때 그야말로 '자신의 시간을 산다'는 의미와 같다고 생각했다.

예를 들어, 여행 갈 때를 생각해보자. 나는 '뭘 하기 위해서 이 장소로 여행을 가는지'를 생각하고, 그 목적을 위해 가장 좋은 장소나 방문지를 찾곤 했다. 그러나 이런 식으로 목적을 가지고 시간을 보내면 '지금, 여기'를 즐길 수 없다. 오히려 일부러 목적 없이 여행하면 자신이 그곳에서 무엇을 느끼는지 집중할 수 있다.

일을 할 때는 미래의 목적이나 KPI를 염두에 두고 현재의 시간을 그에 맞춰 써야 할 것이다. 그러나 주말이나 휴가도 일을 대하는 것처럼 목적을 가지고 시간을 보내고 있지는 않은지 돌아보자. 때로는 일부러 주말을 목적 없이 보내면서 '지금, 여기'를 즐겨보면 어떨까? 앞으로 이런 삶의 태도가 우리에겐 더 중요한 시간 활용법이 될지도 모른다.

재택근무자를 위한 자기 시간 활용법

재택근무가 사회적으로 널리 받아들여지게 된 것은 코로나로 인한 가장 큰 사회적 변화 중 하나다. 이 변화는 단순히 어디서든 일을 할 수 있다는 의미를 넘어선다. 재택근무 덕분에 자기 시간을 더 많이 갖게 된 사람들은 자신이 좋아하는 것이나 하고 싶은 것을 생각해볼 여유가 생겼다.

재택근무가 보편화되자 부업을 시작하는 사람도 늘었다고 한다. 미쓰이물산 같은 대기업에서도 부업을 허용하는 추세다. 생계를 위한 본업과 달리 자신이 좋아하는 분야에서 일할 수 있는 부업은 비전이 만들어지는 '아틀리에'로 볼 수 있다. 앞으로 온라인에서 본업과 부업, 그 외 커뮤니티에 속하며 생계와 좋아하는 일 사이에서 균형을 맞추는 것이 더 자연스러운 세상이 될 것이다.

그런데 한편으로 이런 데이터도 있다. 세이코홀딩스에서 2020년 6월 10일 발표한 〈세이코 시간 백서〉에 따르면, 재택근무자의 70퍼센트 이상이 '시간의 경계를 설정하기 어렵다'고 답했다(재택근무를 하지 않는 사람들 중에서는 60퍼센트). 또한 재택근무자는 사무실 출근자보다 시간이 빠르게 지나간다고 느끼는 경우가 많았다.

《어른의 시간은 왜 짧은가(大人の時間はなぜ短いのか)》 등의 저서로 알려진 치바대학의 이치카와 마코토 교수는 사람은 경험하는 이벤트가 많을수록, 인지하는 자극의 양이 많을수록, 그리고 신진대사가 빠를수록 시간을 길게 느끼는 경향이 있다고 했다.

자기 시간에 몰입하는 일곱 가지 방법

재택근무를 하면 매일 보는 풍경이 달라지지 않으므로 경험하는 이벤트가 적고, 시각과 청각 외에 오감으로 느끼는 자극도 적다. 물리적으로 움직이는 일이 적어 신진대사도 느리게 이루어진다. 그래서 온라인 회의를 하면서 진행되는 재택근무는 시간이 빨리 지나가는 것처럼 느껴진다. 재택근무를 하면 자기 시간을 만들 수 있는 한편, 방법에 따라 그 시간을 주체하지 못할 수도 있다. 지금 시대에 자기 시간을 유효하게 사용하는 몇 가지 방법을 제안해본다.

1. 스마트폰·컴퓨터의 알림을 모두 끈다

스마트폰이나 컴퓨터 알림을 켜놓는가? 피처폰 시절에는 문자 알림이 오면 반가웠지만, 지금은 팀즈나 슬랙, 라인 그리고 다른 앱들이 보내는 온갖 메시지가 나를 봐달라고 아우성이다. 알림을 일일이 체크하다 보면 타인의 시간을 따라 살게 된다. 기본적으로 알림은 전부 꺼두자. 나는 스마트폰에서 전화 외의 모든 알림을 꺼두었다.

2. 천천히 심호흡하며 주위 풍경을 둘러본다

우리는 매일 바쁘게 살아간다. 그 속에서 '모드'를 전환할 스위치를 하나 마련해두면 어떨까? 자기 시간으로 돌아가기 위해 좋은 방법은 천천히 자신의 페이스로 호흡을 느껴보는 것이다. 눈을 감고 1분 동안 오로지 호흡에만 의식을 집중해보자. 점점 머릿속이 차분해지고 주변을 느낄 수 있게 된다. 그런 후에는 주변 풍경을 충분히 바라보자. 구름 모양을 보거나, 나무를 관찰해도 좋다. 그런 시간을 거치면 '자기 시간 모드'로 들어갈 수 있을 것이다.

3. 바디 스캐닝을 하며 내 몸의 신호에 집중한다

재택근무 작업 사이에 잠시 틈을 내어 누워서 긴장을 풀고 몸에 주의를 기울여보자. 당신의 몸이 지금 느끼는 바를 알려줄 것이다. 어딘가 뭉친 곳이 있거나 이상하다고 느껴지면 그 부위를 만져보자. 그때 어떤 느낌이 드는가? 자기 자신의 몸과 대화하는 시간을 통해 몸으로 느끼는 시간 감각으로 전환할 수 있다. 요가나 스트레칭을 할 수 있다면 함께 하는 것을 추천한다.

4. 잠깐이라도 비전 명상을 한다

비는 시간에는 하늘을 보며 '3년의 시간과 100억 엔이 있다면 무엇을 할까?'라는 상상을 해보자. 사람은 시선을 위로 향할 때 자연스럽게 미래를 생각하게 된다. 실내에 있다면 창문 너머로 하늘을 보면서 하고 싶은 일을 충분히 상상해보기를 권

한다. 무엇이 자신을 설레게 하는지 깨닫는 것도 자기 시간을
보내는 데 도움이 된다.

5. 시계를 보지 않는 시간을 정한다

우리는 스마트폰이나 스마트워치를 가지고 다니며 늘 시계를
의식하고 있다. 심지어 수면 측정 앱을 사용하기 위해 잘 때도
스마트워치를 차는 사람도 많을 것이다. 그러나 적어도 평일
밤 9시 이후에는 스마트폰과 시계를 보지 않는 생활을 해보면
어떨까? 자러 갈 때도 시계를 따르는 것이 아니라 '자고 싶어
지면' 자는 것이다. 사소하지만 그런 경험을 통해 자기 시간을
만들 수 있다.

6. 집 주변을 천천히 산책한다

자신이 잘 아는 집 주변을 산책해보자. 되도록 스마트폰은 가
져가지 말고, 의식적으로 평소보다 속도를 반으로 줄여 걸어
보자. 처음에는 지루하게 느껴질 수 있지만, 점차 평소에는 지
나치던 식물이나 의외의 풍경을 발견할 수 있다.

　탐구 전문가 이치카와 치카라 씨는 'Feel C Walk(Field Work를
변형한 조어)'라는 개념을 제창했다. 이는 목적 없이 산책하며 발
견한 것들을 수집하고 기록으로 남기는 행위다. 어린아이가 있

다면 같이 해보면 더 좋겠다. 한겨울 낙엽이 진 길에서 아이와 '겨울인데도 남아 있는 잎을 채집하며 걷기'를 테마로 'Feel℃ Walk'를 한 적이 있는데, 평소에는 황량하게만 보였던 겨울 풍경을 새로운 시각으로 즐길 수 있었다.

7. 자연의 변화에 주의를 기울인다

24절기나 72절후가 표시된 달력을 써보는 것도 추천한다. 우리는 사계절의 변화가 아름다운 나라에 살고 있다. 마트에 진열된 식재료에도 제철이 있으며, 계절은 깨닫지 못하는 사이에도 조금씩 변화해간다. 자연의 리듬을 조금 더 섬세하게 느끼며 살아보자.

일상에서 자기 시간을 만들고 지키는 습관

매일 시간을 보내는 방법에 조금만 신경을 써도 자기 시간을 만들 수 있다. 하지만 우리가 진정으로 원하는 바는 자신이 몰입할 수 있는 일에 집중하고 남이 시켜서 하는 일은 되도록 줄이는 것이다. 그러나 현실적으로 일은 원하지 않아도 찾아오고, 점점 불어나기 마련이다.

예전에 한 대기업 디지털 전환팀의 비전과 사업 계획을 지원한 적이 있었다. 그때 제기된 과제는 사내 여러 부서에서 나오는 요구사항을 모두 받아들이면 일이 눈덩이처럼 불어나, 실제로 하고 싶은 일과는 점점 멀어지는 상황이 발생한다는 것이었다. 그때 한 매니저가 했던 말이 인상적이었다.

"결국 '좋은 사람' 역할을 그만두는 수밖에 없겠네요."

맞는 말이다. 일이란 것은 가만 놔둬도 점점 불어나기 때문에 자신이 진짜 열중할 수 있는 일에 집중하고, 그 외의 일은 용기를 내서 거절해야 한다. 아니면 우선순위가 더 높은 일에 집중해야 한다. 그렇지 않으면 시간은 언제까지나 당신의 것이 되지 않는다.

하지만 단순히 하기 싫은 일을 거절하는 것만으로는 충분하지 않다. 오히려 자신이 몰두하고 싶은 일을 분명하게 표현하고, 그래서 부탁한 일은 우선순위가 낮다고 설득하며 배제해 나갈 필요가 있다. 당신이 몰두해서 할 수 있는 일은 현재 하는 일들 중 어떤 것인가? 이를 확인하는 데 도움이 되는 방법을 소개해본다.

심리학자 미하이 칙센트미하이 교수의 '몰입 이론(Flow theory)'에 따르면 사람은 자신의 능력과 일의 난이도가 균형을 이룰 때 몰입 상태에 빠지기 쉽다. 능력에 비해 난이도가 높은 일을 하면 불안해지고, 능력보다 난이도가 낮은 일을 하

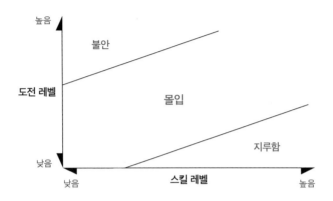

· 몰입 이론에 따른 능력과 일 난이도 ·

면 지루해진다.

위의 그림에 현재 하고 있는 일들을 대입해보자. 난이도와
능력이 균형을 이루는 일들을 우선으로 하고, 불안이나 지루
함을 유발하는 일은 용기 있게 거절하도록 하자. 이렇게 하면
자신이 집중할 일이 명확해지며, 자기 시간을 주도적으로 관
리할 수 있다. 내가 무엇에 집중하고 싶은지 아는 것은 자기
시간을 효과적으로 늘리고, 더 가치 있게 활용하는 데 있어서
중요한 첫걸음이다.

자기 시간을 위한 결정적인 세 가지 습관

1. 잠자기 전 20분, 하루를 복기하기

시간 감각의 변화를 거쳐 내가 새로 시작한 습관이 있다. 수첩을 사서 자기 전에 오늘 무엇을 했는지, 어떻게 지냈는지, 그때 무엇을 느끼고 생각했는지 적는 시간을 가지는 것이다. 대략 20분 정도 시간을 들여 다음과 같은 질문에 답한다.

오늘 어떤 일이 있었고, 누구를 만났나?
대화하면서 어떤 생각을 했지? 나는 무엇을 배웠던가?
내가 하고 싶은 일에 대한 힌트는 무엇이었을까?

이렇게 하루를 천천히 돌아보는 습관을 들이자, 매일 자기 시간을 음미하며 살 수 있게 되었다.

2. 구글 캘린더 대신 종이 달력 쓰기

평소에는 구글 캘린더를 사용한다. 회사 일정을 다른 직원들과 공유하기 위해서다. 시간 관리를 디지털 도구로 하게 된 것은 지금 시대에는 불가피한 흐름이지만, 디지털 일정 관리는 자기 시간을 느낄 기회를 앗아간다. 나도 모르게 남들이 넣어놓은 일정을 소화하는 것만으로도 하루가 끝나는 날들이 거듭된다.

2020년 3월, 〈하버드 비즈니스 리뷰〉에 흥미로운 기사가 실렸다. '종이 달력을 버리지 마세요'라는 제목으로, 스마트폰 달력을 사용하는 사람과 종이 달력을 사용하는 사람 간의 행동 차이를 연구한 결과가 실려 있었다. 종이 달력을 사용하는 사람은 다음과 같은 특징이 있다.

1. 예정해놓은 이벤트에 참가하는 비율이 높다.

2. 프로젝트 전체상을 더 잘 파악한다.

3. 일정을 실천하는 비율이 높다.

종이 달력으로 일정을 관리하는 것은 시대에 뒤떨어진 방식으로 보일지도 모르지만, 자신이 보낼 시간과 예정된 일정을 '느낄' 수 있게 해준다. 수첩의 달력 여백에 일정에서 일어난 일이나 그에 대해 생각했던 바를 적어나가면 그저 흘러가버리는 듯 보이던 시간도 자신의 것으로 만들 수 있다.

3. 중요한 일정은 정확한 시간을 미리 잡아두기

스케줄에 대해서는 또 하나 중요한 요령이 있다. 중요한 일정은 미리 시간을 잡아두는 것이다. 중요한 일, 이를테면 일의 작업 시간을 미리 일정표에 넣어두어 반드시 지킬 수 있도록 한다. 자기 시간을 유의미하게 보내기 위해 다음과 같은 방법으로 일정을 짜보자.

1. **3개월에서 반년 전에 미리 1~2주간의 여유 시간을 확보해둔다.** 그리고 그 시간을 워케이션, 여행, 집필, 제작 등 자신이 하고 싶은 일에 사용한다.
2. **매주 반나절 정도**(예: 월요일 오전이나 금요일 오전)**의 시간을 정기적으로 비워둔다.** 이 시간은 일이나 부업 등 자신이 하고 싶은 일을 돌아보거나 사색하는 시간으로 활용한다.
3. **요리나 육아 등 적극적으로 시간을 쓰고 싶은 일들을 우선 배치하고, 그 시간에는 다른 일이 침범하지 않도록 한다.**
4. **취미에 쓰는 시간을 미리 정해둔다.**

일이란 제한 없이 늘어나기 마련이다. 그러므로 '여백'의 시간이나 생활에 필요한 시간부터 우선적으로 확보한다. 그 기간에는 목적을 생각하지 않고, 가슴이 뛰는 일에 시간을 보내자. 이것이 목적 없는 '컨서머토리'한 시간을 일상에서 지키는 중요한 마음가짐이다. 그리고 한정된 시간 안에 자기 나름의 방법으로 업무의 효율성을 높인다. 이것은 자신의 시간을 살아가는 시대에 시간에 대해 가져야 할 중요한 습관이다.

에필로그
'시간 도둑'이 절대 빼앗을 수 없는 삶

우리 모두에게는 공평하게 하루 24시간이 주어진다. 85년을 산다고 가정하면 총 74만 4,600시간이다. 그러나 우리가 이 시간을 어떻게 체감하는지는 각자 다르다.

나는 사는 곳을 바꾸면서 같은 시간도 다른 흐름으로 느낄 수 있다는 것을 배웠다. 그리고 가루이자와 숲속에서 생활하면서 시간이 흐르는 방식을 바라보는 내 관점이 점차 달라지는 것을 깨달았다. 예전에는 회의 사이사이 남는 시간을 책을 읽거나 스마트폰을 보며 보냈지만, 지금은 마당에서 멍하니 생각을 비우거나 숲에 산책을 간다.

나의 변화를 상징적으로 깨닫게 된 사건이 있다. 이 책이 나올 즈음인 여름에 오랜만에 세계일주 여행을 떠나려고 계획하고 있었다. 과거의 나였다면 세계의 도시들을 돌며 최신 디자인 트렌드를 조사하는 여정을 짰을 것이다. 그러나 '자신의 시간'을 사는 데 익숙해진 지금은 목적 없이 단순히 '여행을 떠난다'는 생각만으로 비어 있는 시간을 확보하고, 그 장소와 그 순간의 우연한 만남을 최대한 즐겨보고 싶었다. 그래서 구체적인 일정을 정하지 않고 여행을 떠나기로 했다. 미래의 목적에 맞춰 지금 해야 할 일을 결정하던 예전의 나라면 절대 하지 않았을 결정이다. 하지만 이제는 멈춰 서서 내면에서 솟아나는 목소리에 귀 기울이고, 직감에 따라 행동하는 삶을 살겠다고 마음먹었다.

미래의 목적을 위해 현재의 시간을 써야 한다는, 시간에 대한 압박은 큰 파도처럼 매일 우리를 덮쳐온다. 그러나 내 인생의 시간은 내가 정하겠다는 의지를 가지고 그 파도에 맞서는 게 중요하다. 이것이 지난 3년 동안 일어난 나의 '트랜지션'이다.

혹시 《모모》라는 책을 읽어본 적 있는가? 나는 이 소설을 아주 좋아한다. 주인공 '모모'는 신기할 만큼 잘 들어주는 힘을 가진 소녀다. 그녀에게 이야기를 들려준 사람은 자연스럽게 자기 자신을 더 잘 이해하게 된다. 그런데 그 세계에 '시간저축 은행'에서 일하는 회색 양복을 입은 '시간 도둑들'이 나타난다.

그들은 지금까지 '시간을 절약한다'는 개념이 없었던 사람들에게 자기의 남은 시간을 의식하고 조금이라도 더 효율적으로 시간을 써서 저축하라고 권유한다. 회색 양복의 남자들은 한순간에 사라져버리지만, 그들과 한 번이라도 접촉했던 사람들의 생활은 완전히 바뀌어버린다.

그 세계에 어떤 일이 일어났을까? 거리는 깨끗해졌고, 사람들은 모두 화려한 옷을 입고, 집집마다 멋진 차도 마련하게 됐다. 하지만 정작 사람들은 차분함을 잃어버리고 불안과 초조함 속에서 살게 되었다. 그리고 어른들은 더 이상 아이들과 함께 시간을 보내지 않게 되었다.

모모는 사람들의 시간을 빼앗는 '시간 도둑들'로부터 친구들을 구하기 위해 시간을 해방시키는 여행을 떠난다. 그 남자들은 아무리 애를 써도 모모의 시간만은 빼앗지 못했다. 왜냐하면 시간을 절약해야 한다고 생각하는 사람들에게서만 시간을 빼앗을 수 있고, 모모처럼 '지금, 여기'를 살아가는 사람들의 시간은 절대 빼앗을 수 없었기 때문이다. 이야기의 결말은 직접 읽어보시길 권하지만, 하나 소개하고 싶은 구절이 있다.

인간에게는 시간을 느끼기 위해 마음이란 것이 있다.

우리는 항상 시계의 시간에 따라 고정된 하루 24시간을 살아간다. 하지만 그 시간을 어떻게 느끼는지는 우리의 마음이 결정한다.

SDGs(지속가능 개발 목표)에서는 다음 인류 전체의 목표로 웰빙을 추구한다. 웰빙은 말 그대로 '잘 있는' 상태를 의미하며, 각자가 지금 이 순간을 몸도 마음도 좋은 상태로 보내는 것을 뜻한다. 개인이 좋은 상태라면 사회가 좋은 상태가 되고, 궁극적으로 지구도 좋은 상태가 된다. 지금까지의 GDP를 기반으로 한, '생산성 향상'을 넘어선 새로운 패러다임이다.

웰빙을 위해서는 무엇이 필요할까? 우선, 이 책에서 제안한 것처럼 자신의 신체감각을 통해 '지금, 여기'에 있는 순간을 음미하고, 마음과 몸을 열 필요가 있다. 스마트폰을 내려두고 자신 주변에서 일어나고 있는 일을 차분히 느끼는 감각. 자신의 몸이 보내는 메시지에 주의를 기울인다. 하지만 나는 이것만으로는 부족하다고 생각한다.

경제산업연구소는 2만 명의 데이터를 바탕으로 행복감에 영향을 미치는 요인에 대해 분석했다. 조사 결과, 행복도에 영향을 미치는 첫 번째 요소는 '건강', 두 번째는 '인간관계', 그다음은 '자기결정력'이었다.[9] 의외로 학력이나 소득이 주관적 행복감에 미치는 영향은 통계적으로 유의미하게 나타나지 않았다. 소득이나 학력보다 '자기결정력'이 더 큰 영향을 미친다는 점은 주목할 만하다. 인생의 다양한 선택을 스스로 할 수 있으면 동기부여와 만족감이 높아지고, 궁극적으로 행복감이 높아진다는 뜻이다.

요즘은 'Chat-GPT'와 같은 AI가 연일 큰 화제를 모으고 있다. AI가 압도적인 양의 정보를 기록하고 정리해버리는 시대에 단순한 사고는 AI에 의해 대체될 것이다. 화이트칼라 직군의 생산성 관점에서 보면, 단순 추론 능력은 AI가 인간을 압도해서, 인간이 생산성을 조금씩 높이는 정도로는 따라갈 수 없을 지경이다. 그리고 그 기술은 나날이, 시시각각 전 세계적으로 진화하고 있다. 진화의 속도가 너무 빨라서 이제는 '특이점(Singularity, AI가 인류의 지능을 초월해 스스로 진화해 가는 기점)'이 가까워졌다는 생각이 든다. 이렇게 엄청난 속도로 변하는 사회를 무리해서 따라잡으려 한다면 과연 행복할까?

나는 굳이 무리해서 따라갈 필요가 없다고 생각한다. 오히려 지금 시대에 인간이 길러야 할 능력은 자기 몸과 마음으로 느끼고, 좋아하는 것을 충실하게 즐기고, 하고 싶은 일을 상상하고, 그 일을 하고자 스스로 결정하는 힘이 아닐까?

인터넷에서 답을 찾을 수 있는 단순 사고는 AI가 할 수 있으므로 우리가 할 일은 자신이 하고 싶은 일을 명확히 하고, AI를 활용해 자신을 표현하는 것이다. AI를 도구로 어떻게 사용할지 명확한 비전을 세워 '인생의 아틀리에(여백)'를 만들고, 자신이 하고 싶은 일을 상상하며 스스로 결정하는 힘이 앞으로 우리의 행복을 결정할 것이다. 그러므로 AI는 조력자 정도로 생각하고 대하는 것이 좋다고 본다.

우리의 인생은 성장의 톱니바퀴를 돌리기 위해 있는 것일까? 그 성장에는 어떤 의미가 있나?

나는 우리의 인생이 각자 풍요로움을 느끼기 위해 존재한다고 생각한다. 팬데믹으로 근무 시간이 줄어든 사람은 어쩌면 자신만의 풍요로움을 느끼기 위한 '전체성'을 되찾는 과정에 있을지도 모른다. 더 빠른 속도로 성장하기 위한 경쟁이 정말로 의미 있는 일인지, 잠시 멈추고 생각해보자.

팬데믹은 끝났고, 사회는 예전 모습을 되찾아가고 있다. 그동안 당신은 삶의 형태를 어떻게 다시 생각해보았는가? 이후에도 남겨두고 싶은 것은 무엇인가? 풍요로움의 정의는 각자 다르므로 1억 명이 있다면 1억 개의 답이 있을 것이다. 그런 세상이 되어갈 것이다.

나의 경우, 하루 24시간을 어떻게 체감하는지에 대한 나만의 시간 감각을 잊지 않고 싶다. 바쁜 삶 속에서도 내 몸과 마음이 지금 무엇을 느끼고 있는지를 음미하며 살아가는 웰빙의 세계로 트랜지션 해야만 '시간 도둑'으로부터 '자신의 시간'을 되찾을 수 있을 것이다. 앞으로 우리 한 사람 한 사람이 자신만의 풍요로움을 매일 벌 수 있는 사회를 만들어가길 바란다.

이 책은 가루이자와로 이주한 지 얼마 되지 않았을 때, 트위터에서 만난 아사마사의 사카구치 소이치 씨와의 만남으로 탄생했다. '가루이자와로 이주한 뒤 생산성은 올라가지 않았지만, 심신의 건강과 지속가능성은 아마도 올랐다'라는 그의 멘션을 계기로 직접 만남을 신청했고, '가루이자와에서 출판사를 만들고 싶다'는 그의 구상을 들었다. 그리고 우리에게 가루이자와는 도쿄에서 일할 때와는 달리 진솔한 대화를 할 수 있는 장소라는 화제로 이야기꽃을 피웠다. 이번 책은 그 제안에 대해 스스로 실천한다는 생각으로 쓴 것이다.

이 기획은 나와 작가 다카하시 가즈키 씨, 그리고 사카구치 씨가 모여 '이주를 통해 무엇이 변했는가'를 고찰하는 데서 출발했다. 말로 하는 언어와 글로 쓰는 언어는 분명히 다르다. 이 책은 개인적인 에세이 같은 기록이지만, 단순한 에세이로 그치고 싶지는 않았다. 그래서 지방으로 이주한 다른 분들에게 이주로 인해 일어난 변화를 인터뷰하는 '트랜지션 라디오'라는 팟캐스트 기획을 시작했다. 편집자 사도시마 요헤이 씨(도쿄에서 후쿠오카로), 노무라 다카후미 씨(도쿄에서 이바라키로), 사토노바대학 부학장 가네마쓰 요시히로 씨(도쿄에서 미요타로), 후지와라인쇄 대표이사 후지와라 다카미쓰 씨(도쿄에서 마츠모토로), 현대예술가 다테이시 주칸 씨(도쿄에서 가루이자와로), 'Takram'의 오가타 히사토 씨(도쿄에서 미요타로), 미쓰이 부동산의 미쓰무라 게이치로 씨(도쿄에서 삿포로로), 이케다 료헤이 씨(도쿄에서 가고시마로) 등과의 인터뷰를 통해 이주 스타일은 제각각이어도 공통된 감상이 있다는 것도 느낄 수 있었다.

그 후로는 사카구치 씨와 내가 논의를 거듭하며 이야기를 만들어갔다. 가루이자와의 출판사로서 낼 수 있는 책은 무엇일까? 그리고 '미래에 닿는 책'을 만들고 싶다는 이념에 부합하는 책은 무엇일까?

최종적으로 이 책은 아직 인생의 트랜지션 중에 있는 내가 지방 이주를 하면서 실시간으로 겪은 변화에 대해 성찰하면서, 앞으로의 사회를 위해 남겨야 할 메시지에 대한 답을 중심으로 재구성하여 완성했다. 지금까지의 나로서는 쓸 수 없었던 책이라고 생각한다. 트랜지션 중인 사회 속에서 개인 삶의 트랜지션으로 고민하는 사람들에게 작은 힌트가 될 수 있다면 그보다 더 기쁠 수는 없겠다.

크리에이티브한 프로젝트에서 무에서 유를 창조하는 일은 매우 어렵다. 이 부분을 담당해주신 작가 다카하시 카즈키 씨에게 깊이 감사드린다. 다카하시 씨도 홋카이도로 이주한 이주 동료라서 내 이야기의 초안 구성을 잘 잡아주었다.

아사마사의 사카구치 소이치 씨에게도 감사드린다. 이 책은 사카구치 씨의 비전에 화답하기 위해 태어났다고 해도 과언이 아니다. 그가 항상 열정을 가지고 이 기획에 참여해 주었기에 나 자신의 변화 과정을 되돌아본다는 어려운 작업을 끝까지 해낼 수 있었다고 생각한다.

그리고 무엇보다도 가루이자와 이주 생활을 함께해준 아내 사츠키, 딸 마유, 아들 쿠니노리에게 고맙다. 가루이자와에서의 생활은 가족 모두와 함께 한 트랜지션이자 새로운 라이프스타일을 만드는 여정이었다. 함께 하루하루 변화를 느끼며 충실한 시간을 만들어왔기에 이 책이 완성될 수 있었다. 모두에게 깊은 감사를 전한다.

2023년 5월,

푸른 잎이 생기를 띠는 가루이자와에서.

주석

1. 오카야마현 니시아와쿠라 마을(西粟倉村) : '기적의 마을', '로컬 벤처의 성
   지'로 불리며 벤처기업 30개 이상을 유치하고 어린이 인구도 증가하고 있
   는 주목받는 지역이다.

2. '2020년도 텔레워크 인구 실태조사', 국토교통성(国土交通省), https://
   www.mlit.go.jp/toshi/daisei/content/001469009.pdf.

3. '코로나 사태 전후의 가정 내 요리에 관한 실태 조사', 쿡패드, 조사
   기간: 2021년 3월 27일~4월 3일, https://prtimes.jp/main/html/rd/
   p/000000165.000027849.html.

4. '2021년도 채소와 텃밭에 관한 조사」(2021년도), 타키이종묘 주식회사, 조사 기간: 2021년 7월 3일~7월 5일, https://kyodonewsprwire.jp/release/202108178886.

5. '제7회 신종 코로나로 인한 생활 변화에 관한 조사(2020·2021년도 특별조사)', 닛세이기초연구소, 2021년 12월 22일~28일, https://www.nli-research.co.jp/report/detail/id=69926?site=nli.

6. 〈세이코 시간 백서〉, 세이코, 2021년 4월 28일~5월 10일 실시, https://www.seiko.co.jp/timewhitepaper/2021/.

7. '2011년 사회생활기본조사', 총무성 통계국, https://www.stat.go.jp/data/shakai/2011/.

8. '국민생활시간조사 2020', NHK방송문화연구소 여론조사부, https://www.nhk.or.jp/bunken/research/yoron/pdf/20210521_1.pdf.

9. '행복감과 자기결정-일본의 실증연구', 독립행정법인 경제산업연구소, https://www.rieti.go.jp/jp/publications/summary/18090006.html.

옮긴이 유민

사학, 기록학, 컴퓨터과학을 전공한 지식 노마드. 글밥아카데미 출판번역 과정을
수료하고 현재 프로그래머로 일하며 번역을 병행 중이다. 옮긴 책으로《정리만
했을 뿐인데, 마음이 편안해졌다》,《처음, 빵을 만들다》가 있다.

나는 도둑맞은 시간을
되찾기로 했다

초판 1쇄 2024년 12월 1일
저자 사소 쿠니타케
옮긴이 유민
편집 김은찬 **디자인** 배석현
ISBN 979-11-93324-33-2   03190

발행인 아이아키텍트 주식회사
출판브랜드 북플라자
주소 서울시 강남구 학동로 329 북플라자 타워
홈페이지 www.bookplaza.co.kr